ÉTUDES

SUR

LE PARIS D'AUTREFOIS

ARTHUR CHRISTIAN

ÉTUDES

SUR

LE PARIS D'AUTREFOIS

LES MÉDECINS — L'UNIVERSITÉ

PARIS

| G. ROUSTAN | CHAMPION |
| QUAI VOLTAIRE, N° 5 | QUAI VOLTAIRE, N° 9 |

MDCCCCIV

INTRODUCTION.

Le moyen âge, qui suivit presque immédiatement le démembrement de l'Empire, la ruine du paganisme, les invasions, l'établißement du christianisme & des royaumes barbares, n'est autre chose que l'ordre social caractérisé par la formation des nations occidentales, le développement de l'Église & de la féodalité jusqu'au jour où l'esprit de réforme, le retour à l'antiquité, les grandes découvertes ont provoqué le mouvement de la Renaißance, aurore des temps modernes.

Dénigré par les uns comme une époque de ténèbres, de misère & de quasi-barbarie; exalté par d'autres, sous l'inspiration d'une religiosité romanesque, comme l'âge béni de la foi & de l'art, le moyen âge a-t-il été, en définitive, une période de progrès ou de décadence?

Le penseur impartial, en cherchant avant tout à comprendre & à expliquer les faits, se tiendra à égale distance de ces deux points de vue extrêmes. En admettant même que l'humanité poursuit une marche générale en avant, on doit reconnaître que le progrès n'est pas nécessairement continu; le flambeau de la civilisation a trop souvent subi des éclipses, & plus d'une fois on a pu se demander si la société humaine n'était pas sur le point de se diſſoudre. Après la chute de la civilisation antique, l'humanité parut sans doute subir un recul vers la barbarie; mais ce mouvement cachait une période d'incubation qui, sur les ruines du monde ancien, au prix de longs & douloureux efforts, en enfanta un nouveau. Paraiſſant avec des forces rajeunies, il apportait, en dehors de toutes les traditions échappées au grand naufrage, le chriſtianisme, puis les mœurs, les inſtitutions, les idées des races nouvelles; ordre politique, social, économique, religion, arts, sciences, il transforma tout, & créa une littérature du caractère le plus original, où percent cependant partout des souvenirs ineffaçables de l'antiquité.

Le moyen âge n'acquiert sa signification réelle que dans un rapprochement avec l'antiquité. Qui songerait, qui réußirait même à rabaißer la puißance de Rome, la grandeur de la Grèce qui a enfanté la philosophie & les arts? Cependant lorsque le moyen âge ouvrit une ère nouvelle à l'Europe, le souvenir de toutes les grandeurs paßées s'effaça devant les abus qui en étaient la base. L'Empire romain était comme un monde criſtallisé dont tout idéal avait diſparu. Aßailli sur ses frontières par des nations jeunes, pleines de sève & de vitalité, miné au dedans par le christianisme naißant qui attirait à lui la foule sans nombre des pauvres, des souffrants qui n'avaient rien à eſpérer de la société civile, il succomba.

L'empire avait mis des siècles à se constituer : il fallut dix autres siècles pour en-
fanter un monde nouveau. C'est ainsi que
l'humanité se jette d'un extrême à l'autre
sans pouvoir jamais se fixer sur le terrain
moyen du juste, du vrai, du rationnel. Vint
une réaction désordonnée, la longue nuit où
toute notion du vieux droit disparut. A la
centralisation succéda l'émiettement, presque
la ruine du pouvoir ; au devoir civique, une
époque d'indépendance presque sans frein ; à
une philosophie savante, une scolastique pué-
rile ; à des superstitions mortes, une ferveur
religieuse qui s'égara dans l'ascétisme ; à une
législation méthodique, des lois de hasard
& de circonstance, mal conçues, mal com-
prises, mal obéies ; à des mœurs polies, des
mœurs sauvages & sanguinaires. Seule la
multitude resta le lendemain ce qu'elle était
la veille : malheureuse sous l'empire, elle ne
le fut pas moins sous la féodalité.

Pour relier & coordonner tous ces éléments épars, il eût fallu une main forte : c'était précisément ce qui manquait le plus. Au xe siècle, les feudataires grands & petits se partageaient les débris de la puißance publique : toute idée de nation, de droit public avait dißparu. Le seigneur féodal poßédait tous les pouvoirs dans son domaine par le droit de l'épée : il y exerçait la haute & baße jußtice que symbolisait le gibet dreßé à côté de sa demeure. Les dernières étincelles de lumière morale s'étaient réfugiées dans les retraites de l'Église; mais cette lumière même allait en s'affaiblißant, &, à la veille de l'an mille, la nuit était complete. Les paßteurs des peuples étaient außi ignorants que le troupeau, & peut-être plus corrompus.

Faut-il donc voir là le progrès? Peut-être était-il indißpensable à notre société de traverser ces épreuves du sein desquelles devait germer la semence de la civilisation moderne. Le réveil communal est là pour témoigner que l'âme humaine n'était pas morte; elle reparaißait d'abord dans la commune, bientôt ce devait être dans la constitution de la nation. Toujours, comme l'homme lui-même, le corps social est enfanté dans la souffrance & le sang.

A travers bien des péripéties, les provinces se groupaient autour d'un noyau central, & la royauté reprenait graduellement poßeßion des pouvoirs souverains. Louis IX abolit les justices seigneuriales & le duel judiciaire; Philippe le Bel décréta la permanence du Parlement de Paris; Charles VII créa une armée & des finances; Louis XI porta un coup sensible à la féodalité. Ainsi naquit une nation, romaine par sa centralisation, gauloise par la vivacité de son esprit, franque par sa paßion d'indépendance, universelle par ses qualités civilisatrices.

La Rome impériale n'avait réalisé que l'unité politique; la Rome ecclésiastique ne chercha que l'unité religieuse. Vint un moment où l'Église catholique parut sur le point de parvenir à la domination universelle. Mais irrémédiablement inféodée, pour la poursuite de ce but, au parti de la superstition, de l'ignorance & de l'oppreſsion, elle se montra inférieure à la tâche qui était sa raison d'être; si bien que le moyen âge peut encore se définir : une tentative de théocratie avortée.

Cette unité, le monde ne la poursuivit pas moins par des voies différentes : il devait la réaliser un jour sous cette devise entrevue dès la fin du moyen âge, & formulée par la Révolution française : Juſtice & Liberté!

MÉDECINS

CHIRURGIENS & APOTHICAIRES

MÉDECINS
CHIRURGIENS & APOTHICAIRES

Un spirituel sceptique, Paul Lacroix, a prétendu que la superstition est la conséquence parasite, mais inévitable, de la religion, & que, dans certaines âmes faibles ou peu éclairées, elle devient plus puissante que la religion même. Sans souscrire à un paradoxe qui, présenté sous cette forme, ne soutient pas l'examen, on est obligé de reconnaître que bien des faits, dans l'histoire de la médecine à travers les siècles, sembleraient lui prêter quelque apparence de raison. Dès les temps les plus reculés, les hommes, déconcertés par l'apparition de maladies dont leur ignorance leur voilait les causes aussi bien que les remèdes, les attribuèrent à une action surnaturelle; de là à se concilier la faveur des dieux par des sacrifices & des conjurations rituelles, il n'y avait qu'un pas. L'art de guérir se réduisait donc à un code de pratiques superstitieuses. Grecs & Romains déjà recouraient à une divinité protectrice pour chaque phase de la génération, depuis la conception jusqu'à l'accouchement. La société chrétienne naissante reprit les traditions du paganisme : plus d'une divinité antique fut promue à la dignité de saint, tel Bacchus qui devint saint Bacchus, & les pratiques restèrent les mêmes. De là cette multitude de saints que, dès les premiers siècles de notre ère & jusqu'à une époque relativement récente, les Parisiens s'habituèrent à invoquer pour tous les maux & les infirmités les plus variés qui affligent la pauvre humanité. Certes on ne dérangeait pas indifféremment l'un ou l'autre : chacun avait sa spécialité. Voilà saint Agapet, qui était un saint très influent contre les coliques venteuses, saint Aignan contre la teigne, saint Aignebaut contre la froideur en amour, saint Antoine contre l'érysipèle gangréneux, qui s'appelait jadis le *mal Saint-Antoine* ou *des ardents,* saint Atourni contre les étourdissements, saint Bavon contre la coqueluche, saint Clair contre les maux d'yeux, saint Claude contre la claudication, saint Cloud contre les éruptions de la peau, saint Etienne contre la pierre, saint Fiacre contre les hémorroïdes, saint Céran contre les maux de dents, saint Genou contre la goutte, saint Gui contre les affections nerveuses, saint Job contre la gale & la vérole, saint Ladre (Lazare) contre la lèpre, saint Léger contre l'obésité, saint Loup contre les maux de jambes, saint Mein contre la gale aux mains, saint Marcoul contre les écrouelles, saint Ouen contre la surdité, saint Paterne contre la stérilité, saint René contre les douleurs des reins, saint Bonaventure contre les panaris (mal d'aventure) & mille autres. Plus d'un de ces patronages, on le voit, paraissent avoir été inspirés à l'imagination populaire soit par quelque trait caractéristique de la vie du saint, soit par quelque consonance ou jeu de mots tiré de son nom. Parfois huit, dix saints ou saintes avaient la même spécialité : sainte Marguerite & près de soixante-dix de ses collègues patronnaient les femmes en couches & adoucissaient leur dernier travail. Pendant l'accouchement de Marie de Médicis, «les reliques de de Mme sainte Marguerite estoient sur une table

1.

dans la chambre». Nous savons par Tallemant Des Réaux que Richelieu était atteint d'hémorroïdes : le cas était du ressort de saint Fiacre. On fit donc venir de Meaux en grande pompe les reliques du saint «pour la guérison du cul de M. le cardinal de Richelieu», dit sans respect le titre d'une petite pièce imprimée en 1643, après la mort du ministre, par la cabale de ses adversaires :

Armand dedans son lict reçoit cette ambaßade,
Et la face tournée, offre son cul malade,
Surpaßant la fierté des princes ottomans
Qui présentent leur dos à leurs chers courtisans.
L'orateur [1], *étonné de cette pourriture,*
Attefte ciel & terre, & toute la nature,
Dit que l'on fait grand tort à la vertu du saint,
Du voyage inutile & du travail se plaint ;
Qu'il eft vrai qu'un teigneux, un galeux, un podagre
Sont objets du pouvoir de Monsieur Saint-Fiacre,
Mais qu'il ne guérit pas un phantosme sans corps,
Que sa vertu ne peut reßusciter les morts,
Qu'il ne peut pas ofter le butin à la terre,
Ni sauver ce meschant, plus digne du tonnerre,
Que ce cul eft desja le partage des vers, etc.

[1] Le doyen de Meaux, qui accompagnait les reliques.

Saint Hubert, depuis les premiers siècles du moyen âge, a passé pour un puissant guérisseur de la rage, & ses descendants héritèrent de sa réputation : Louis XIV la reconnut en accordant au chevalier de Saint-Hubert le droit de toucher les personnes mordues. C'est ainsi que Mme de La Guette recourut à lui. «Je pris la résolution de m'en aller à Paris trouver le chevalier, & le prier de me toucher; il a la vertu d'empescher la rage, & tous ceux qui sont touchez de lui se tiennent heureux. Le Roy mesme l'a esté & toute la cour.»

Saint Guerlichon, lui, se bornait à remédier à la stérilité des femmes. «Il se vante d'engrosser bravement autant de femmes qui le viennent aborder, pourvu qu'elles facent leur devoir, c'est-à-dire que, pendant leur neuvaine, faillent poinct chascun jour de s'estendre sur luy tout de leur long; aussy ne faillent poinct de boire chascun jour un certain breuvage parmy lequel il y a de la poudre qu'on râcle des génitoires d'iceluy, desquelles il est horriblement bien fourny.»

On aurait tort, cependant, de croire que la

thérapeutique des saints fût la seule : Hippocrate, qui avait été la grande autorité médicale
des Grecs, & Galien qui, sept siècles plus tard,
développa son enseignement, inspirèrent toute
la médecine du moyen âge. Le système de
Galien, nous l'avons exposé dans l'Introduction. Cette théorie, la Faculté de Paris la reçut
toute faite, & nous verrons bientôt qu'elle s'en
autorisa pour exercer jusqu'au XVIIIe siècle de
cruels ravages dans les rangs de ses contemporains.

La besogne, il faut bien le reconnaître, ne
manquait pas à nos médecins; Paris a passé,
durant tout le moyen âge, pour une des villes
les plus malpropres, les plus malsaines, & le zèle
des « mires » trouvait ample matière à s'exercer.
Avant le XIIe siècle on ne s'inquiéta guère d'as-
sainissement; les rues, étroites & tortueuses, les
hautes maisons de bois qui les bordaient, mal
bâties, sans air & sans lumière, étaient infec-
tées par les émanations des eaux ménagères qui
y croupissaient avec les plus repoussantes immondices. A part quelques riches demeures qui
possédaient déjà des « chambres basses que l'on
dit *courtoises* », la généralité des maisons était

privée de cette installation; le système du *tout à la rue* en tenait lieu : usage séculaire dont le souvenir s'est conservé dans le nom d'anciennes rues, telles que les rues Maubuée, Pavée (d'andouilles), Breneuse, &c. Les ordures s'étalaient au coin de chaque porte, d'où elles étaient de temps à autre transportées par monceaux sur les places, les carrefours les plus rapprochés; ou bien on les versait par les fenêtres dans la rue où elles s'écoulaient lentement dans la rigole qui suivait le milieu de la chaussée jusqu'aux égouts, peu nombreux & toujours à ciel ouvert, qui exhalaient des émanations pestilentielles. « Nous sommes, lit-on dans la Satire Ménippée, serrez, pressez, envahis, bouclez de toutes parts, & ne prenons air que l'air puant d'entre nos murailles, de nos boues & de nos égouts. »

Tout progrès se heurtait à l'indifférence de la population qui n'en saisissait pas l'utilité, ou se bornait à déverser toutes les immondices dans la Seine. Au XVIIe siècle & encore au XVIIIe, les choses n'ont guère changé, au grand déplaisir de la Princesse Palatine. « Paris est un endroit horrible, puant & très chaud; les rues ont une si mauvaise odeur qu'on n'y peut tenir : l'extrême chaleur y fait pourrir beaucoup de viande & de poisson, & cela, joint à la foule de gens qui pissent dans les rues, cause une odeur si détestable qu'il n'y a pas moyen d'y tenir. » Pas un endroit dans la grande ville où l'on pût en toute sécurité poser le pied : les voies les plus fréquentées, les abords mêmes des églises étaient parsemés de puantes déjections. À chaque instant une fenêtre s'ouvrait, & une aspersion infâme menaçait le distrait qui avait négligé la formule usuelle : Gare l'eau ! Un voyageur hollandais, visitant Paris au xviie siècle, raconte qu'à la Porte Dauphine «il y eut quelqu'un d'une maison voisine qui, s'estant levé pour verser son pot de chambre, le lui jeta à demi sur la teste». Encore à la veille de la Révolution, Arth. Young remarque dans son Journal : «Il est presque incroyable pour une personne habitant à Londres combien les rues de Paris sont sales, & le danger qu'il y a à les parcourir.»

Que dire de l'approvisionnement de la ville en eau potable ? Un petit nombre de conduites

privées dans les maisons de quelques privilégiés, de rares fontaines publiques, alimentées
par les sources de Ménilmontant, & c'était
tout : en dehors de cette ressource, il ne restait
que la Seine aux eaux souillées par les ordures
les plus variées, celles mêmes qu'y versaient les
«maistres des basses-œuvres ou *maistres fifi*».
La plupart des Parisiens n'avaient pas d'autre
eau potable. Au xviiie siècle encore, d'Argenson s'exprimait ainsi au sujet d'une danseuse
qui venait de débuter à l'Opéra : «Elle est
jolie, quoiqu'elle ait eu la foire en arrivant à
Paris, causée par les eaux de la Seine, qui ne
manquent pas d'attaquer ainsi les étrangers qui
y arrivent pour la première fois, & les purgent
comme pour les avertir de se préparer à recevoir quantité de choses malsaines dans cette
grande ville.»

Cet état de choses suffit à expliquer les maladies & épidémies qui ravageaient presque
d'une manière permanente notre ville. Dès le
vi^e siècle, la lèpre ravageait le territoire de l'ancienne Gaule, &, du xie au xiiie siècle, subit,
du fait des croisades, un regain d'activité. C'est
un sombre tableau que tracent les chroniqueurs

du malheureux *ladre,* arraché à son foyer, rejeté
de la société de ses pareils & confiné, par
l'Église, dans l'une des deux *maladières* que la
charité publique avait élevées hors ville : on
sait que l'hôpital Saint-Lazare en est resté la
plus fameuse. La première atteinte du mal se
manifestait par des *pointures & mordications* entre
chair & peau; la face enflée était tantôt livide,
tantôt rouge, *se tirant à noirseure,* les sourcils
tombaient & le front se tuméfiait. La voix
devenait *rauque comme de chat terrible;* des ulcères
livides couvraient la face & les membres, & les
yeux enflammés avaient un regard *noir comme
la beste Satan.* Une fois séquestré par les soins
du prêtre dans un hôpital ou une cabane
isolée, le malheureux recevait défense d'entrer
dans les églises, les marchés, les moulins, les
fours publics, les tavernes ou maisons privées,
de se laver dans les fontaines & ruisseaux, de
sortir en un autre costume que celui de lépreux, & de rien toucher autrement qu'avec
une baguette. Il restait libre d'aller mendier
par la ville à la condition de porter comme
marque distinctive un chapeau écarlate & d'an-
noncer son approche par le son des *cliquettes*

«ou jouez de bois qui lui sont ordonnez tout exprez, affin que par leur son bruyant, les voisins qui oyront cela soyent advertis de s'escarter & tenir loin du chemin, de l'air ou souffle de ces pauvres gens là, en leur faisant place».

Cette maladie, suite du manque d'hygiène & de l'alimentation défectueuse qui était de règle parmi les populations pauvres du moyen âge, ne fut pas le seul fléau de cette époque : la peste, la vraie peste d'Orient, c'est Grégoire de Tours qui nous le raconte, ravagea l'Europe à maintes reprises depuis le ve siècle; au viie siècle elle dépeupla Paris & décima les religieuses de l'abbaye de Saint-Martial.

Aucune épidémie, pourtant, dans les siècles suivants n'égala celle de 1348 qui, après avoir ravagé l'Asie, l'Afrique du nord & l'Europe où elle anéantit « la tierce partie du monde », sévit à Paris durant dix-huit mois. Tous les chroniqueurs contemporains en parlent : elle frappa l'imagination d'un conteur comme Boccace, d'un poète comme Pétrarque. « Des tumeurs, rapporte le premier, grosses, soit comme une pomme, soit comme un œuf, se développaient d'abord à l'aine & sous les aisselles; bientôt elles se montraient sur tout le corps, enfin apparaissaient des taches noires & livides sur les bras & les cuisses. » Le poète Guillaume de Machaut en parle dans les mêmes termes :

Car la mortalité des boces
C'on apeloit epydimie
Estoit de tous poins estanchie.

Le mal atteignit surtout les pauvres. « Celui qui était mal nourri tombait frappé au moindre souffle de la maladie, mais la Parque cruelle épargna les princes, les chevaliers, les juges. » C'est un témoin oculaire, le médecin Simon de Couvin qui parle ainsi; & un chirurgien, Gui de Chauliac, ajoute que non seulement le contaɛt, mais la *vue seule* d'un pestiféré suffisait pour communiquer la contagion! « Fut de si grande contagion que non seulement en séjournant, ains (mais) aussi en regardant, l'un la prenoit de l'autre; en tant que les gens mouroyent sans serviteurs & estoyent ensevelis sans prestres. Le pere ne visitoit pas son fils, ni le fils son pere. La charité estoit morte & l'espérance abatue. Elle fust inutile & honteuse pour les medecins, d'autant qu'ils n'osoyent visiter les malades, de peur d'estre infeƈtés. Et quant ils les visitoyent, n'y faisoient guieres & ne gaignoyent rien, car tous les malades mouroyent, excepté quelque peu sur la fin qui en eschapperent. »

Il est certain que l'excès des souffrances physiques & morales, les guerres presque continuelles, les commotions politiques & les privations de tout genre, si elles ne créèrent pas le germe de l'épidémie, prédisposèrent du moins les populations misérables à y donner prise. Mais la Faculté de médecine du xive siècle, que dominaient les rêveries de l'astrologie, ne voyait pas si loin : en réponse aux questions anxieuses du roi Philippe VI, elle donna une consultation attribuant le fléau à une conjonƈtion des planètes Mars & Jupiter!

Et le traitement, demandera-t-on, qui devait contre-balancer l'aƈtion de ces planètes? Il comportait bien quelque prophylaxie préventive, interdisant tout contaƈt avec les malades, le séjour dans les lieux envahis par l'épidémie, mais, avant tout, un certain nombre de remèdes curatifs, tels que la thériaque, l'émeraude & l'améthyste.

Oui, on a bien lu : l'émeraude & l'améthyste en poudre, voilà le grand remède recommandé contre la peste par la science du moyen âge ! Singuliers guérisseurs qui, pendant tant de siècles, ont revendiqué avec une intransigeance hautaine des privilèges tyranniques, & ne trouvaient, pour le soulagement de leurs contemporains, qu'une pharmaceutique qui semblait inspirée par une imagination en délire. Car le recours superstitieux aux saints, fortement mêlé de magie, ne formait pas l'unique fond du traitement des malades : les médecins avaient en outre des recettes plus positives. Ce qu'elles étaient sous les deux premières races, nous ne le savons que d'une façon assez vague : elles devaient être d'une nature plutôt bizarre, à en juger par les allusions fort brèves des chroniqueurs. Le médecin du roi Louis le Gros, Obizon, qui traita son maître dans sa dernière maladie, lui fit prendre, d'après Suger, « des potions si repoussantes & des poudres si amères qu'il fallait, pour subir un pareil régime, posséder un courage surhumain ». Le cas du roi Louis VIII, le père de Saint-Louis, se présente sous un aspect encore plus original. Ce prince, de constitution assez chétive, était réputé pour sa chasteté. « Il eust oncques affaire à feme, fors à cele qu'il prist à mariage », rapportent les Chroniques de Saint-Denis ; & Guillaume de Puylaurens ajoute : « Sa maladie était de telle nature qu'elle aurait pu céder à l'usage d'une femme ; si bien qu'Archambaut de Bourbon fit introduire dans sa chambre, pendant qu'il dormait, une pucelle choisie, belle & de bonne maison, à qui l'on avait fait la leçon sur la maniere dont elle s'offrirait au roi, lui disant qu'elle ne venait pas par envie de débauche, mais pour combattre le mal dont elle avait ouï parler. » Le roi la repoussa ; du reste il mourut peu après.

Ce remède n'était pas si rare, d'ailleurs, qu'on pourrait le croire, parmi les médecins, tous *clercs* cependant. Le cardinal Jacques de Vitry raconte dans son *Histoire Occidentale* que les médecins prescrivaient à leurs malades, pour les guérir, les plaisirs de l'amour : « Dum enim expletione libidinis corpora propagari asserunt, multos in fornicationem inducunt. »

Jusqu'à cette époque, il n'existait guère d'autre enseignement médical que celui d'un empirisme transmis individuellement par un praticien à quelque aide qui le secondait dans sa profession avant de lui succéder. Une fois l'Université organisée, les médecins commencèrent à donner un enseignement plus régulier dans la petite église de Sainte-Geneviève-des-Ardents, autour des grands *benoitiers* de Notre-Dame, « ad cupam Nostrae Damae », ou même dans les écoles de la rue du Fouarre. Mais ce n'est pas sans de longues résistances, en 1231, que les médecins virent accueillir leur enseignement à l'Université, & y constituèrent, en 1270, une faculté distincte. Née sous le patronage du clergé dont était issue l'Université, la nouvelle institution médicale garda longtemps son caractère ecclésiastique, & ceux mêmes des médecins qui n'étaient pas prêtres subissaient la règle du célibat, « chose impie & déraisonnable », disait en 1452 le cardinal d'Estouteville, le grand réformateur des écoles.

Dès le XIIIᵉ siècle, la Faculté conférait gratuitement ses grades aux écoliers pauvres; mais elle était plus exigeante sur les avantages physiques que sur ceux de la fortune, & excluait les écoliers disgraciés de la nature. « Un écolier difforme ne doit pas être admis à l'exercice de la médecine, vu qu'il peut troubler l'imagination des femmes enceintes, qui pourraient faire des monstres semblables à lui. » Cette Faculté, il faut le reconnaître, entretenait parmi tous ses membres l'esprit de solidarité d'une grande famille. Une fois l'étudiant inscrit dans ses registres, elle le suivait à travers sa carrière, le couvrait de sa protection sa vie durant. Des liens de parfaite égalité unissaient tous ses docteurs qui prenaient part aux moindres actes de la vie professionnelle & apportaient un grand zèle à défendre en toute circonstance ses privilèges; cette union, il est vrai, ne se maintenait que grâce au petit nombre des médecins parisiens : ils n'étaient que 113 en 1650, & encore en 1767 pas plus de 144. C'est dans ce milieu qu'entraient les nouveaux étudiants au sortir des collèges. A son origine la Faculté ne comptait que deux professeurs, renouvelés tous les

deux ans : l'un, pour l'anatomie, la physiologie
& l'hygiène, commençait ses leçons à 6 heures
en été, à 7 heures en hiver; l'autre, pour la
pathologie & la thérapeutique, ouvrait ses lec-
tures à 1 heure. Tous deux ne se servaient dans
leurs cours que du latin. Ils n'eurent longtemps,
nous le savons, aucun siège fixe : ce n'est qu'en
1477 que l'Université ouvrit, rue de la Bûcherie, derrière le bâtiment annexe de l'Hôtel-
Dieu, une maison dont la toiture en forme de
coupole attire jusqu'à nos jours l'attention du
passant. En ce temps où les paradoxes de la
scolastique, les rêveries de l'astrologie & des
sciences occultes faisaient loi, ces pauvres médecins prétendaient guérir l'épilepsie en pro-
nonçant le nom des Trois Rois mages, ou
combattre la léthargie en attachant une truie
dans le lit du malade; en désespoir de cause,
ils finissaient par exposer leur client sur le par-
vis de Notre-Dame en le recommandant aux
prières des âmes sensibles. Encore à la veille
du xv siècle, en 1398, la cour fit venir de
Guyenne deux moines augustins qui se faisaient forts de guérir Charles VI de l'affection
dont il souffrit jusqu'à sa mort. « Ils distillè-

rent des eaux qu'ils firent prendre au roi avec de la poudre de perles», accompagnant leur drogue de formules magiques dont ils promettaient merveille. Dans l'opinion générale, le roi était ensorcelé. Mis au pied du mur, les deux compagnons accusèrent le barbier du roi, puis le duc d'Orléans lui-même, d'être l'auteur des maléfices. Sommés de prouver leur dire, ils avouèrent l'imposture & furent décapités en Grève.

Les médecins, on le voit, même ceux des rois, ne se prenaient pas toujours fort au sérieux, & plus d'un épisode, en mettant à nu les ressorts secrets de leur activité professionnelle, nous dévoile leur fourberie. Philippe le Bel, qui mourut après de longues souffrances, d'une maladie à laquelle les guérisseurs officiels n'avaient rien compris, comptait, parmi les médecins de son entourage, un certain Hermingaud qui «possédait l'art de deviner les maladies à la simple vue & sans tâter le pouls». Un autre, Arnauld de Villeneuve, avait une réputation peu orthodoxe & dut même fuir de Paris où on le soupçonnait de commerce avec le diable. Fort peu tracassé par ses scrupules, il donnait à ses élèves le conseil de ne jamais témoigner ni étonnement ni hésitation : « Supposons que vous ne puissiez rien comprendre au cas de votre malade, dites-lui sans hésiter qu'il a une obstruction du foie. Se plaint-il de la tête ou de tel autre organe, répondez toujours que c'est le foie, en ne parlant jamais que d'obstruction, parce que les malades ne comprennent pas ce terme, & c'est ce qu'il faut. »

Nul, peut-être, ne fut plus adroit dans la pratique de l'astrologie que Jacques Coiêtier, le fameux médecin de Louis XI, qui tira de la superstition de son maître le parti que l'on sait, & lui extorqua impunément des sommes considérables, dont il bâtit l'hôtel de l'Abricotier (Abri-Coiêtier), rue Saint-André-des-Arts. Ayant un jour dressé l'horoscope du roi, il osa lui faire croire que celui-ci ne pourrait le congédier sans mourir dans les huit jours. Le roi devenu, sur la fin de sa vie, crédule & poltron, tremblait sous le regard du fripon. « Celui-ci estoit, au dire de Philippe de Comines, si tres rude que l'on ne diroit poinêt à un valet les outrageuses & rudes paroles qu'il luy disoit, &

si le craignoit tant le dit seigneur qu'il ne l'eust
osé renvoyer d'avec luy.»

Le discrédit de tous ces médecins, aussi bien
professionnels que d'occasion, finit par devenir
général : Henri II crut donner satisfaction au
sentiment public en décidant que, « sur les
plainctes des héritiers des personnes décédées
par la faulte des medecins, il en sera informé
& rendu justice comme de tous aultres homi-
cides; & seront tenus de gouster les excrémens
de leurs patiens, & leur impartir toute aultre
sollicitude; aultrement seront reputez avoir
esté cause de leur mort & deces ».

L'épidémie de 1348 & les leçons qu'elle
aurait dû laisser furent bientôt oubliées : la
royauté renouvela bien ses ordonnances sur
l'amélioration de la voirie; les médecins, de
leur côté, célébraient les avantages de l'air pur
& d'une eau claire, tel ce médecin de Henri II,
Jérôme de Monteux : « Fault estre songneux
d'altérer [1] l'air, raffraichissant le pavé des sales
& chambres à manger avec eau de puits & vinaigre meslez ensemble, ou bien avec eau de

[1] Renouveler.

rose. Je serois d'advis qu'on tapissât les parois de cuir d'Hyrlande, à cause qu'ils deschassent tous venins, de sorte qu'en Hyrlande n'habite aucune beste venimeuse à cause des diĉtes peaux. » Certes, il y avait dans ces préceptes une idée juste gâtée par des préjugés bizarres. Un autre médecin du même temps, mᵉ Joseph Du Chesne, dans son *Pourtraiĉt de la Santé,* conseille, avec des précautions sanitaires, « les compaignies joyeuses & facetieuses ». Les uns & les autres avaient également raison dans leur initiative; mais les Parisiens, n'en saisissant pas l'utilité, n'en tenaient aucun compte. La conséquence fut que la peste & autres épidémies restèrent à l'état permanent dans la ville, du xivᵉ au xviᵉ siècle. En 1418, le fléau emporta de quatre-vingt à cent mille personnes; l'évêque, épouvanté, s'enfuit à Saint-Maur. En 1531, nouvelle catastrophe d'une violence exceptionnelle. La théorie de la contagion régnait encore sans conteste : le mal se propage par les objets qu'a touchés un malade; certains tissus sont même plus aptes que d'autres à la transmission. Le Parlement se fit l'interprète de cette croyance en ordonnant que les personnes précédemment atteintes, ou celles habitant la même maison ne pourraient sortir qu'une baguette blanche à la main; les lépreux ne pourraient entrer en ville, ni les pauvres dans les églises pendant les offices; les étuves, où les gens sains se rencontraient avec les contaminés, seraient fermées; enfin les forgerons ne pourraient brûler de la houille (*terra anglica*), & cependant, depuis longtemps, les médecins en avaient proclamé l'innocuité, « pourveu que par certains moiens la fumée soit bien dirigée & éliminée ». Ambroise Paré nous a laissé un tableau saisissant des misères qui fondaient sur le malheureux pestiféré, traqué comme une bête, arraché à son entourage & séquestré à l'écart, souvent victime des bandits. « Les plus opulens, mesmes les magistrats & aultres s'absentent ordinairement des premiers, de sorte que la justice n'est plus administrée, & lors tout s'en va à confusion. Et adonc les meschans ameinent bien une aultre peste, car ils entrent es maisons & y pillent & desrobent à leur aise impunement, & couppent le plus souvent la gorge aux malades, voire aux sains mesmes. En ceste ville de Paris se sont trouvés des gens qui ayant faiĉt entendre à leur ennemy qu'il avoit la peste, sans avoir mal quelconque, & le jour qu'il devoit parler de son procès ou faire quelque chose où sa presence estoit requise, l'ont faiĉt ravir & emporter à l'Hostel-Dieu, quelque résistance qu'il peust fere; & si de fortune il imploroit l'aide & misericorde du peuple qui le voyoit, les larrons & meurtriers l'empeschoient & crioient encore plus fort que luy, afin qu'il ne feust entendu, pour cependant le faire lier & coulchier avec les pestiférés. Et quelques jours apres mouroit tant de desplaisir que de l'air infeĉté, sa mort auparavant vendue & achaptée a beaulx deniers contants. Tout est clos & fermé aux villes, villages & bourgades, voire les maisons propres sont closes à leurs maistres. Plus on est recongneu des vassaulx, subgeĉts ou serviteurs qu'on ait, chascun tourne le dos & personne n'y oseroit aller. Et s'il y a quelqu'un meu de pitié, se veut advancer pour secourir & visiter un malade, il n'aura apres parent ny amy qui le vueille frequenter ny approcher. Qu'ainsi soit on a veu, lorsqu'on apercevoit seulement es rues les medecins, chirurgiens & barbiers, esleus pour panser les malades, chascun couroit apres eulx à coups de pierres pour les tuer comme chiens enragés, disant qu'il falloit qu'ils n'allassent que de nuiƈt, de peur d'infeƈter les sains. »

Ces maladies se renouvelèrent près de vingt fois dans le courant du xvie siècle. En 1545, le médecin Franç. Chappuys jugea à propos d'intervenir dans la mesure de sa science & prit sa meilleure plume pour rédiger un *Sommaire de certains & vrays remedes contre la pefte*. Sa cure commençait par la pose d'une ventouse. Quand elle aura cessé de tirer, dit le doƈteur à son patient, « prens des petits pouletz ou colombes, entiers & vifz, & leur plume le c... lequel appliqueras dessus la playe, leur serrant le bec souventes fois, afin que par le c... ils puissent mieulx attirer le venin, & d'iceulx te sers tant qu'ils meurent dessus ».

Ces médecins n'étaient pas encore bien nombreux : pas plus de soixante-douze en 1550 & quatre-vingt-un six ans après. Vu le secours qu'on avait à attendre d'eux, peut-être était-ce tout bénéfice pour leurs malades. Du reste ils n'approchaient ces derniers qu'avec

une réelle appréhension, préoccupés avant
tout, semble-t-il, d'assurer leur propre conser-
vation. Un médecin de Louis XIII, Charles
Delorme, imagina pour ses confrères & lui,
en temps d'épidémie, un costume spécial :
sur ses vêtements il portait une chemise im-
prégnée de sucs & de poudre mélangés; par-
dessus, un manteau de maroquin « que le
mauvais air pénètre très difficilement »; ils prenaient en bouche une gousse d'ail, dans le nez
de la rue, de l'encens dans les oreilles, des bé-
sicles sur les yeux &, montés sur leur mule,
ils allaient en cet équipage faire leur tournée
de visites.

En 1578, nouvelle épidémie qui semble
avoir été la cholérine. Les médecins se réunirent pour en délibérer. « Le tout bien disputé,
rapporte malicieusement un contemporain,
Cl. Haton, n'en peurent que dire sinon que
c'estoit une maladie que Dieu envoyoit aux
humains en pugnition. Toutesfois il feut resolu
à la dicte assemblée qu'on experimenteroit *par*
la saignée & les purgatifs! Ceulx qui feurent les
mieulx secourus & medicinés moururent en
plus grant peine que ceulx les pauvres qui

n'avoient moien de se médiciner que d'eulx-
mesmes. »

La syphilis ou « grosse verolle », observée à
Paris dès la fin du xvᵉ siècle, passait, elle aussi,
pour contagieuse. Que fit-on ? On décida d'ex-
pulser de la ville tous les *avariés* étrangers, en
isolant avec soin les Parisiens soit à domicile,
soit dans un établissement ouvert *ad hoc.* Cette
mesure ne s'imposa pas sans difficulté : nombre
de malades cherchèrent à éluder ces prohibi-
tions, ou à se faire admettre à l'Hôtel-Dieu où
ils étaient mêlés aux autres patients, si bien
qu'on finit par menacer tous ces contrevenants
« d'estre jetés à la riviere ».

Certain opuscule, remontant aux premières
années du xviᵉ siècle, du médecin viennois
Barth. Steber, nous renseigne sur le traitement
appliqué aux syphilitiques de ce temps. Une
figure sur bois représente un homme & sa
femme : un médecin, debout, au chevet de la
femme alitée, tient à la main un flacon d'urine
dont il examine gravement le contenu au jour,
y cherchant des indices sur la nature du mal.
De l'autre côté du lit, un chirurgien, muni
d'un rasoir, est agenouillé aux pieds de l'homme

& s'applique à racler quelques-unes des pustules dont le malheureux est couvert, ainsi que sa femme, de la tête aux pieds.

Vers 1275, Paris ne possédait encore que sept à huit médecins ; un siècle après ils étaient déjà au nombre de trente-deux. Mais à côté d'eux une quarantaine de *mires* & *mirgeßes* plus ou moins interlopes exerçaient la médecine sans avoir passé par la Faculté : ils n'en étaient pas moins très courus, souvent de préférence aux médecins gradués, non seulement par le bas peuple & la petite bourgeoisie, mais, à l'occasion, par des gens de la plus haute condition [1]. Les chroniqueurs citent l'un d'eux, Lorenz, demeurant « rue aux Provoires », qui se faisait un revenu annuel de 50 livres [2]. Les médecins réguliers étaient fort honorés & entourés de la confiance générale. « Lorsqu'ils s'en vont par les rues dans leurs riches habits & coiffés du bonnet doctoral, écrit, vers 1323, Jean de Jaudun, ceux qui recourent à leur art n'ont pas de peine à les reconnaître. Oh ! qu'il faut être

[1] C'est ainsi qu'en 1319 l'herbière Perronnelle fut appelée à Conflans pour traiter la comtesse Mahaut d'Artois.
[2] Environ 12,000 francs de notre monnaie.

reconnaissant à ces bons médecins qui observent les règles d'une savante physique & d'une longue expérience. » Nous savons déjà ce que valaient science & expérience.

Au-dessous d'eux une foule de charlatans se mêlaient, âprement combattus par la Faculté, de donner des soins & des conseils au menu peuple qui, plus rapproché d'eux par la condition sociale, leur accordait volontiers sa confiance. Dans les carrefours, sur les places, ils attiraient la foule autour de leurs tréteaux, vantant bruyamment les vertus de leurs drogues. Rutebeuf, le grand satirique du XIIIe siècle, nous a conservé un joli spécimen de boniment du moyen âge qui annonce, quatre siècles à l'avance, Tabarin & les parades du Pont-Neuf :

Seigneurs qui ci efte venu,
Petit & grant, jone & chenu,
Il vos eft trop bien avenu ;
   Sachiez de voir.

Je ne vos vuel pas desovoir,
Bien le porreiz aparsouvoir,
   Ainz que m'en voize.

Aßeiz vos, ne faites noise ;
Si escouteiz, c'il ne vos poize.
Je sui uns mires.

Si ai eſtei en mains empires :
Dou Caires m'a tenu li sires
Plus d'un eſtei.

Si m'en reving par la Morée,
Où j'ai fait moult grant demorée,
Et par Salerne,

Par Burienne & par Byterne.
En Puille, en Calabre, Palerne
Ai herbes prises

Qui de grauz vertuz sunt emprixes :
Sus quelque mal qu'el soient mixes
Li maux s'enfuit.

«Ces herbes, ajoute-t-il, vos ne les man-
gerez pas, car il n'a si fort buef en cest pais, ne
si fort destrier que c'il en avoit groz come un
pois sor la langue, qu'il ne morust de male
mort, tant sont forts & ameires ; & ce qui est
ameir à la bouche si est boen au cueur. Vos
les metreiz trois jors dormir en boen vin blanc ;
se vos n'aveiz blanc, si preneiz vermeil ; se vos
n'aveiz vermeil, preneiz de la belle yaue clere ;

car teiz a un puis devant son huix qui n'a pas un tonel de vin en son celier. » On en prendra pendant treize jours &, par la Passion du Christ, «vous sereiz gariz de diverses maladies & de divers mahains (malaises), de toutes fievres, de toutes goutes, de l'enfleure dou cors, de la vainne dou c..., c'ele vos debat. Car se mes pere & ma mere estoient ou peril de la mort, & ils me demandoient la meilleure herbe que je lor peusse doneir, je lor donroie ceste».

Une pareille médication était-elle bien plus étrange que celle des médecins universitaires ? L'exposé de cette dernière, on peut l'avancer hardiment, constitue un des plus curieux chapitres dans l'histoire de la sottise humaine : pendant bien des siècles le corps médical s'obstina à user de toutes les substances que mettait à portée de sa main la nature, sans avoir l'idée de recourir à l'observation ni même au simple bon sens : minéraux, végétaux, animaux, l'homme même, tout lui était bon, & surtout les éléments qui semblaient les moins désignés pour cet usage. La pharmacopée de J. de Renou, médecin de Henri IV, nous apprend qu'encore au XVIIe siècle «on se sert de plusieurs animaux entiers, comme des cantharides, cloportes, vermisseaux, lézards, fourmis, vipères, scorpions, grenouilles, escrevisses, sangsues. Quant à leurs parties, nos medecins tiennent qu'elles sont douées de plusieurs & admirables vertus»; c'est aussi l'opinion de M. Charas, membre de l'Académie des sciences à la fin du siècle. «Outre les préparations qu'on peut faire du crâne de l'homme & de ses autres os, de son sang, de sa chair, de sa «mumie» ou corps desséché, on peut aussi préparer ses ongles, ses cheveux, son urine & ses excréments.» Au début on ne fouillait que les anciennes tombes d'Égypte dont les momies produisaient «certaine liqueur odorante & de consistance de miel» qui faisait merveille. Puis on se contenta des ressources qu'on avait sous la main, des cadavres de pauvres diables «morts de ladrerie ou de peste, pour en tirer la pourriture cadavéreuse qui en distille». Le même Charas recommandait la tête de vipère grillée contre les morsures du reptile, «la raison & l'expérience l'ont confirmé»; la tête de vipère portée au cou contre l'esquinancie, la graisse de vipère contre la goutte, la peau de vipère contre les accouchements difficiles. L'eau distillée de fiente d'homme roux, desséchée sous le nom de *civette occidentale,* guérissait l'érysipèle & les fistules. L'extrait «d'urine de jeunes gens qui boivent du vin» remédiait à l'apoplexie, à l'épilepsie, aux convulsions & aux vapeurs. Au point culminant de cette période si brillante que fut le règne de Louis XIV, la spirituelle Sévigné s'en montrait enchantée. «Pour mes vapeurs, écrivait-elle en juin 1685, je pris huit gouttes d'essence d'urine, & contre son ordinaire elle m'empêcha de dormir; mais j'ai esté bien aise de reprendre de l'estime pour elle; je n'en ai pas eu besoin depuis.»

L'éminent chimiste du XVIIIᵉ siècle, Lémery, approuve tout. «Le lait de femme est pectoral & souverain contre la phthisie. L'urine de l'homme nouvellement rendue purge, elle est bonne contre les vapeurs hystériques, la goutte, les dartres; on en prend deux ou trois verres à jeun le matin. L'excrément humain est digestif, résolutif, adoucissant, guérit les anthrax, l'esquinancie, la fièvre intermittente.»

Faut-il rappeler encore l'électuaire de chasteté «pour réprimer les trop grandes ardeurs de Vénus »; l'électuaire de puissance, qui fortifie les nerfs, recrée le cerveau, le cœur & l'estomac; l'huile de petits chiens, qui guérit la sciatique & la paralysie; l'huile d'araignées, souveraine contre la fièvre & la petite vérole; *l'eau de mille fleurs,* urine fraîche de vache, contre la goutte & les vapeurs; les cataplasmes de crottes de chiens & l'onguent de chat[1]? Et Ambroise Paré, pourtant l'une des fortes têtes de l'ancienne science française,

Tout sage qu'il estoit, dict des choses pareilles :

« A bon droict les anciens ont dict tous les médicaments estre pris des plantes, de la terre, de l'eau, des bestes, parties & excrémens d'icelles. Car aulcunes fois on use d'un regnard, d'un petit chien, hérisson, grenouille, limaçon, cancre & aultres sortes de bestes. »

[1] Le chat jouissait, aux siècles passés, d'une assez médiocre réputation dont il faudrait peut-être chercher l'explication dans les vieilles légendes du folk-lore indo-européen & les particularités de caractère qu'elles lui attribuent. Pour m° Paré, la chose n'est pas douteuse : le chat est un animal venimeux, dont l'haleine & le regard même empoisonnent. Montaigne rapporte dans ses *Essais* l'aventure d'une femme à qui l'on avait fait croire qu'elle avait mangé du chat : elle en mourut de saisissement.

Contre la rage, la ressource classique consistait dans l'envoi du malade à la mer. Ur veneur, attaché à la personne du petit Dauphin, plus tard Louis XIII, ayant été mordu, le petit prince supplia la reine d'y envoyer le blessé, ce qui fut fait. Gui Patin approuve le remède pouvu qu'il soit appliqué dans un délai de neuf jours, autrement mieux vaut tuer le patient tout de suite. « Quand il n'est plus temps, il fault les estouffer dans leur lict à force de couvertures, ou bien on leur faict avaler une pilule d'opium tout pur, afin qu'il n'en soit plus parlé. »

Les pierres précieuses ont également joui, jusqu'au xviiie siècle, d'une grande réputation en matière curative; chacune avait sa spécialité, on ne savait pas toujours au juste laquelle, mais elle en avait une, c'était certain. Tantôt on l'absorbait en poudre, tantôt on la portait au cou ou bien on l'appliquait sur la partie malade. J. Corbichon, un savant du xive siècle au service de Charles V, déclare que l'améthyste guérit l'ivresse[1]; le jaspe en poudre

[1] Tradition de l'antiquité.

«restrainct la fleur des dames & les émor-
roïdes»; l'émeraude «restrainct les jolis mou-
vemens de luxure & estanche le sang». Renou,
ce médecin de Henri IV déjà cité plus haut,
déclare aussi qu'elle préserve du mal caduc,
fortifie la mémoire & résiste aux efforts de la
concupiscence charnelle. «Car on recite qu'un
roy de Hongrie estant aux prinses amoureuses
avec sa femme, sentist qu'une belle esmeraude
qu'il portoit en son doigt se rompist durant
leur conflict, tant cette pierre aime la chasteté.
Les perles aussi sont grandement cordiales &
propres à resjouyr le cœur. Voilà pourquoy les
alchimistes font une certaine liqueur qu'ils ap-
pellent liqueur de perles, avec laquelle ils pro-
mettent merveille pour la guerison de plusieurs
maladies, encores que le plus souvent tout leur
fait ne soit que fumée & charlatanerie.»

L'or potable, ce grand élixir de santé, encore
à la fin du xvie siècle, tenait le premier rang
dans la thérapeutique de nos praticiens, presque
au même degré que les ferrugineux modernes.
Les malheureux atteints de la lèpre, les gens
épuisés mâchaient des feuilles d'or, avalaient
un breuvage dans lequel entrait une dissolu-

tion du précieux métal. En 1655, l'année même de l'intrigue amoureuse avec Olympe Mancini, le médecin Vallot fit prendre au jeune roi des tablettes dans lesquelles entraient de l'or & des perles. A ce moment déjà la vogue commence à en baisser, bien que Sganarelle, dans *Le Médecin malgré lui,* prescrive à son client d'occasion « un fromage où il entre de l'or, du corail, des perles & quantité d'autres choses précieuses ».

Cet assortiment de drogues variées, les pauvres morticoles ne le distribuaient pas suivant leur appréciation personnelle, mais cherchaient dans l'observation du ciel leurs inspirations. Depuis les premiers siècles du moyen âge, les astrologues étudiaient avec persévérance l'influence directe des astres & des signes du zodiaque sur les organes du corps. Ainsi le soleil influençait le cerveau, le cœur, les cuisses & l'œil droit; Mercure, la langue, les mains & les jambes; la lune, l'estomac & les poumons. Les signes du zodiaque, eux aussi, agissaient directement sur chacun de nos organes, de même que les comètes suivant leurs conjonctions avec l'une ou l'autre planète; le grand secret de l'art médical était de déterminer ces positions & d'y conformer son traitement. Le médecin appelé à soigner un malade commençait par examiner l'état du ciel; si sa victime était atteinte de la poitrine au moment où la lune se trouvait dans le signe du Cancer, il attendait que cette conjonction fût passée. Lors de la peste de 1348, la Faculté déclara officiellement que, cette année-là, il y avait eu conjonction de trois planètes dans le signe du Verseau : d'après Aristote, cela suffisait pour entraîner la dépopulation d'un État. Cette opinion, à la rigueur, était attribuable à l'ignorance du moyen âge; mais en 1580 encore, à la fin de ce siècle illuminé par l'éclat de la Renaissance, le même corps persiste dans ses vues. «Quand il apparaît des éclipses ou comètes, quand Saturne & Mars conviennent ensemble au signe de la Vierge, non seulement ils changent l'air de sa qualité naturelle, mais aussi le contaminent par une certaine maligne influence estrange & diverse.» (?)

L'auxiliaire naturel du médecin était l'apothicaire. Dès le XIIIe siècle, il vendait des médicaments & des herbes, des épices de tout genre, de la cire & des cierges, du sucre [1] & du réglisse, puis l'ellébore qui facilite la digestion ; n'oublions pas de rappeler la *thériaque*, électuaire composé de plus de soixante ingrédients divers, pilule de vipère, rognon de cas-

[1] De tout temps, cette corporation avait été exclusivement préposée à la vente du sucre. Presque inconnue dans l'antiquité, cette denrée entrait, dès le temps de saint Louis, dans la préparation de bien des médicaments. Si aux XIIIe & XIVe siècles le

> Sucre blanc pour les tartelettes

était, au dire d'Eust. Deschamps, déjà très apprécié des femmes & des enfants, la farce de Pathelin, d'autre part, nous confirme l'usage qu'en faisaient les apothicaires :

> User vous fault de sucre fin
> Pour faire en aller tout ce flume (rhume, catarrhe).

Primitivement tiré d'Orient par Alexandrie, acclimaté dès le XVe siècle en Espagne & en Sicile, & au XVIIe siècle en Provence, il était toujours une denrée rare & précieuse. «Apothicaire sans sucre» était le dicton populaire désignant une personne privée d'un élément essentiel à son activité. L'Hôtel-Dieu usait bien de sucre pour ses malades, mais l'emploi en était sévèrement contrôlé. «La quantité de sucre que le médecin aura affirmé sera passée par chacun mois à la dame de l'apoticairerie, laquelle jurera qu'elle n'aura emploié ledict sucre qu'en la confection des médecines.»

tor, opoponax, bitume de Judée, myrrhe, encens, térébenthine, &c., & le *bézoard,* concrétion calcaire qu'on trouvait dans l'estomac des boucs d'Orient : tous deux passaient pour d'infaillibles antidotes contre la plupart des poisons. Or il arriva que, passant un jour à Clermont-Ferrand, Charles IX rencontra un seigneur arrivé d'Espagne, qui lui présenta un bézoard «qu'il affirmoit estre bon contre tous venins & l'estimoit grandement». Paré, qui était présent, eut la clairvoyance, bien que simple chirurgien, d'en nier l'efficacité. Dans ce doute, le roi, résolu à trancher la difficulté, se fit amener un pauvre diable, cuisinier condamné à la potence pour le vol de deux plats d'argent, & lui offrit sa grâce s'il voulait se prêter à l'expérience. Le malheureux accepta tout ce qu'on voulut, & avala d'abord un poison très actif, puis le bézoard. Presque aussitôt il se prit à vomir, «à aller à la selle avec grandes espreintes, disant qu'il avait le feu au corps, demandant de l'eau à boire»; rampant sur ses genoux comme une bête, la langue pendante, avec des sueurs froides & d'inutiles efforts pour vomir, il «jettoit le sang par les oreilles, le nez, la bouche & les sièges». En dépit des efforts du chirurgien pour le soulager par l'absorption d'huile, il expira après de cruelles souffrances. Le bézoard était jugé : on le jeta au feu.

A l'origine, apothicaire & épicier se confondaient dans une corporation unique. Plusieurs montraient une singulière ignorance, d'autres un déplorable penchant à tromper le public. Le prédicateur populaire Maillard, dont les sermons, d'une éloquence un peu rude, contiennent tant de détails curieux sur la vie privée à la fin du xve siècle, leur dit leur fait : «Les apothicaires mettent leurs drogues dans leur cave, afin que l'humidité les alourdisse; ils vendent du gingembre pour de la cannelle, & mettent de l'huile dans le crocus pour lui donner de la couleur & du poids.» Et il conclut par ces mots : «De trois choses Dieu nous garde : des *& cetera* des notaires, des *quiproquo* d'apothicaires, & de *boucon* (poison) de Lombard Friscaire.» Cette opinion était sans doute celle de beaucoup d'autres; Charles VIII s'en occupa en soumettant la profession d'apothicaire à des conditions rigoureuses & à un contrôle sérieux de la Faculté : aussi toutes les querelles de cette dernière entre partisans des anciennes & des nouvelles méthodes eurent-elles naturellement leur contre-coup chez les apothicaires. Sous prétexte qu'on pouvait introduire des aliments dans l'estomac par le fondement, elle imagina de faire débattre cette thèse : *Le clystère rompt-il le jeûne ?* Aussitôt grand émoi au camp des apothicaires, administrateurs officiels de ce clystère : en cas d'affirmative, c'était le chômage de l'instrument durant tout le carême. Par bonheur pour eux, l'anatomiste Bauhin vint démontrer aux médecins que les aliments ne pouvaient pénétrer au delà de la valvule iléo-cœcale, surnommée dès lors *la barrière des apothicaires.*

La fraude, en dépit du contrôle, continua à sévir comme par le passé : «Pharmacopoles nous abusent, écrivait au xvie siècle le médecin Champier; ilz nous vendent les os de cheval au lieu de *os corde cervi,* & en trouverez plus à vendre que n'a de cerfs en toute la France, Italie & Espaigne.» Dans les Caquets de l'accouchée, une femme qui avait habité longtemps la maison d'un apothicaire assure qu'elle ne l'a jamais «veu employer que les herbes que l'on racle souvent dans nos jardins». Et L'Estoile rapporte l'aventure d'un apothicaire qui, sur son lit de mort, se confessa «de ce qu'il n'estoit poinct entré de bonne rheubarbe en sa boutique il y avoit plus de trente ans».

Il nous semble les voir analyser, peser, piler leurs drogues, ces obscurs débitants de remèdes, en pourpoint noir ou brun, haut-de-chausse & bas de laine, large col & calotte noire. Leur allure trahit au premier coup d'œil leur profession. Qu'elles sont laides & sombres, sans air ni lumière, encore au xvie siècle, ces officines des premiers apothicaires où ils conspirent en toute sécurité contre la longévité de leurs contemporains ! La porte d'entrée ogivale est abritée d'un auvent. A l'intérieur, pas d'autre ornement que des bahuts de chêne portant des balances, de gros mortiers de fer reposant sur des socles de bois, avec de lourdes amphores de terre cuite, & les *silènes,* «boetes & coffrets embélys de toutes sortes de peintures recreatives comme peuvent estre cerfs volants, viédazes [1]

[1] C'est le mot latin *veretrum.*

empennés, centaures à cul pelé, oisons bridez, cannes bastées & aultres semblables[1], entre lesquelles on a accoustumé de laisser un petit vuide quarré pour y escrire en lettres d'or ou d'azur le nom de la drogue ». Au XVIIe siècle, les locaux deviennent plus clairs, plus spacieux, & les silènes font place à des tiroirs qui contiennent, dans un rapprochement pittoresque, le long des parois, juleps, violats, rosats, racines, condits d'angélique & de coings, parfums étiquetés, &, souvenir typique des mystérieux laboratoires du moyen âge, des salamandres & autres animaux empaillés.

Simples marchands « dont l'office se termine à la preparation des remedes », ils étaient regardés de haut par les médecins dont ils prêtaient serment d'exécuter strictement les ordonnances. Beaucoup, cependant, les modifiaient à leur gré, ou même délivraient des remèdes sans ordonnance; mais c'était à leurs risques & périls. Une ordonnance de Henri IV renouvela cette prescription, menaçant les délinquants de

[1] Figures grotesques au goût du temps, par lesquelles on cherchait apparemment à distraire & rasséréner l'acheteur anxieux à la pensée de la drogue qu'il allait absorber.

la perte d'une oreille. L'étrange assortiment de produits qu'ils tenaient dans leurs officines! Des anneaux constellés, de la corne de licorne [1] & de rhinocéros, des dents de loup; en outre, ils en fabriquaient de leur propre invention, & cela va sans dire, à très haut prix. Tous les écrits du temps sont unanimes sur les friponneries des apothicaires, & Argan a bien raison de les relever en lisant les parties fort civiles de M. Fleurant. Le médecin Houlten exprimait l'opinion générale en définissant l'apothicaire «animal fourbissimum, faciens bene partes & lucrans mirabiliter».

Les deux professeurs que comptait, à l'origine, la Faculté furent renforcés, au XVIIe siècle, de deux chaires nouvelles pour la chirurgie & la botanique. Les cours s'ouvraient en novembre, coupés par cent dix-sept jours de congé aux grandes vacances qui allaient du 28 juin au 13 septembre, & aux grandes fêtes ecclésias-

---

[1] Animal légendaire du moyen âge, armé d'une corne unique au milieu du front. Tout le monde en parlait mystérieusement sans l'avoir jamais vu, lui attribuant certaines vertus surnaturelles.

tiques, sans parler des dimanches. Les leçons commençaient de bonne heure, à 5 heures en été, à 6 heures en hiver; un bachelier, en robe & en toque, prenait place dans une petite chaire pour faire un cours d'une heure, lisant les passages d'Hippocrate & autres auteurs approuvés; plus tard venaient les cours des professeurs sur les autres matières d'enseignement. Les étudiants, tenus à une grande exactitude, prenaient des notes sur un cahier. Les examens pour le baccalauréat s'ouvraient tous les deux ans. Le candidat présentait une supplique latine pour être admis à subir l'examen, qui durait une semaine entière. Chacun des nouveaux admis était invité à disserter sur une question médicale; puis le bedeau de la Faculté lui lisait la formule du serment à prêter : à chaque article, il répétait : « Juro ».

Qui ne se rappelle ici la célèbre parodie du *Malade imaginaire*, dans laquelle le bachelier d'occasion reproduit, presque trait pour trait, la formule officielle de serment du récipiendaire? Ce que l'on connaît moins, c'est l'origine de l'impérissable bouffonnerie, conçue chez Mme de La Sablière après un de ces joyeux soupers où se donnaient rendez-vous les beaux esprits du temps : Boileau, La Fontaine, & Ninon & Molière; c'est dans ce cercle que la cérémonie fut créée d'un trait. Molière fournit le canevas, & chacun y ajouta un mot. Il est permis de présumer que deux ou trois médecins quelque peu sceptiques, de l'entourage de Molière, étaient présents : Mauvillain, Bernier ou Liévin; certains termes du métier, quelques détails intimes révèlent, par une connaissance approfondie de la maison & de ses traditions, l'intervention d'une main experte.

La scène originale ainsi composée fut beaucoup plus longue que celle que nous connaissons; Molière, en homme de goût, en retrancha pour les besoins de la scène mainte longueur, même des scènes fort piquantes : après que les sept premiers docteurs ont formulé leur interrogatoire, le huitième ouvre le sien par une question sur le traitement à suivre dans le cas d'une jeune fille chlorotique. Le savant bachelier propose imperturbablement une médication inattendue : «In nomine Hippocratis, benedictam cum bono garçone conjunctionem imperare.» Est-ce la présence de

Ninon qui inspira ce régime extra-universitaire?

Une fois reçu, le bachelier se préparait pendant deux ans à l'examen de licencié. Son temps désormais était fort rempli par ses conférences aux débutants, ses disputations avec ses collègues, les visites en ville avec un docteur qui l'initiait à la pratique de son art, & les consultations à l'Hôtel-Dieu. En même temps les soutenances de thèses se succédaient : c'est à ce moment que l'école était curieuse à voir, surtout lorsque la thèse portait sur une question passionnant les esprits. Le candidat répondait d'abord aux arguments des autres bacheliers. A leur tour les docteurs l'attaquaient; enfin la mêlée devenait générale, & tout le monde s'y jetait. Les docteurs gesticulaient, au milieu du vacarme les *concedo, distinguo, nego* volaient comme grêle à travers la salle, & le voisinage, très rassuré, se bornait à dire : Ce sont nos docteurs qui se disputent. Le doyen dans sa chaire veillait à ce que tout se passât dans les règles : au moment voulu il fermait les débats, on passait au vote, & le candidat était déclaré *sufficiens* ou *incapax*.

Quelques-unes de ces thèses discutèrent des questions passablement étranges :

En 1643, s'enivrer une fois par mois est-il salutaire ?

En 1648, les jolies femmes sont-elles plus fécondes que les autres ?

En 1669, la femme est-elle plus lascive que l'homme ?

Le célèbre Gui Patin, en 1624, avait choisi pour sujet de thèse cette question au moins inattendue : La femme peut-elle se changer en homme ? La réponse fut négative.

D'autres témoignent de préoccupations plus positives & reflètent les goûts gastronomiques de nos vieux docteurs qui, hors de l'école & des querelles professionnelles, pouvaient être de charmants compagnons & fort goûtés dans le monde. Les anciennes listes d'argumentations mentionnent, sous prétexte d'hygiène, les sujets suivants :

Faut-il servir la laitue au premier service, les pommes au second ?

Est-il bon de manger des noix après le poisson, du fromage après la viande ?

Encore en 1787, Corvisart, l'un des derniers

représentants de l'ancienne Faculté, argumenta sur ce sujet : Faut-il boire du vin avec les huîtres ?

Un dernier trait complétera le tableau de la vieille procédure des examens. Molière l'a indiqué d'un mot qui clôt l'exorde du président :

Salus, honos & argentum
Atque bonum appetitum.

La réalité ne démentait pas un si engageant programme : le côté culinaire & gastronomique tient une place notable dans la physionomie de l'ancienne Faculté. Il s'était déjà bien atténué au temps de Molière. La génération contemporaine de Rabelais ne cessait de banqueter : après chaque examen, après chaque thèse, aux redditions de compte, à l'élection du doyen, à la Saint-Luc. Guy Patin raconte avec complaisance le dîner qu'il offrit à ses confrères pour son élection. «Hier je fis mon festin à cause de mon décanat. Trente-six de mes collègues firent grande chère : je ne vis jamais tant rire & tant boire pour des gens sérieux, & même de nos anciens; c'était du

meilleur vin vieux de Bourgogne que j'avais
destiné pour ce festin. Je les traitai dans ma
chambre, où par-dessus la tapisserie se voyaient
curieusement les portraits d'Érasme, des deux
Scaliger, de Casaubon, Muret, Montaigne,
Charon, Grotius, Heinsius, Saumaise, Fermel,
de Thou, & notre bon ami G. Naudé. Il y
avait encore trois autres portraits d'excellents
hommes, de feu M. de Sales, évêque de Ge-
nève; M. l'évêque de Belley, mon bon ami;
Justus Lipsius, & enfin Franç. Rabelais, duquel autrefois on m'a voulu donner vingt
pistoles. Que dites-vous de cet assemblage?
Mes invités n'étaient-ils pas en bonne compagnie?»

Restait encore la consécration épiscopale
conférée par le chancelier de Notre-Dame, dernier souvenir de l'origine ecclésiastique de
l'Université. Après un échange de harangues
latines à l'archevêché, on se rendait en procession à la cathédrale, & les nouveaux gradués
juraient au pied de l'autel de saint Denis de
défendre la religion catholique «usque ad effu-
sionem sanguinis», jusqu'au sang. Quelques
semaines plus tard le jeune médecin conqué-

4.

rait, au prix d'un nouvel acte, le titre de *maître-régent* ou *docteur :* une dernière dissertation, un drenier serment de fidélité à la Faculté, *alma mater,* & il recevait du président, avec l'accolade, le bonnet de docteur, puis rendait grâces à tout le monde, à Dieu, à la Faculté, à ses parents & amis, aux assistants. C'en était fait : le nouveau médecin avait atteint le terme d'un enseignement fort médiocre, certes, mais qui ne laissait pas, tout compte fait, de lui coûter assez cher. Avec les droits d'inscription, les frais de thèses & les diverses gratifications, les frais d'études médicales atteignaient un total d'environ 830 livres, considérable pour le temps.

En dehors de leurs études théoriques, les jeunes médecins se préparaient à l'exercice professionnel par les consultations gratuites à la Faculté, par la clinique de l'Hôtel-Dieu, & par le traitement de la clientèle à la suite d'un docteur.

Les consultations gratuites n'attiraient guère les malades pauvres qui, alors comme en tout temps, préféraient les démarches irrégulières : ils couraient aux charlatans de carrefours, ou allaient consulter les apothicaires dans leurs sombres réduits & les médecins clandestins, même les sorciers. « Hélas ! s'écrie le médecin-poëte Courval-Sonnet [1], combien voit-on fourmiller d'empiriques & charlatans en nostre France ! Combien y a-t-il de religieuses, combien de femmes qui font mestier ordinaire de garder les malades; combien de vieilles édentées ridées, bavardes, bigottes, porte-chandelles, porte-cappes, se meslent effrontément de la médecine, conjurent les fiebvres, exorcisent les chancres & hémorroïdes, charment la tigne, soufflent le feu volage, remettent la poictrine, & mille aultres resveries & superstitions capables de faire rire le plus grand mysantrope & cynique refroigné de ces vieils philosophes; combien de femmes impudiques & desbauchées, combien de regratieres & maguignonnes d'amour, coratieres de lubricités, darioliettes, chauffecires, lesquelles, apres avoir consommé le printemps de leur aage & la chaleur de leur esté a faire des pelerinages en Cypre, pour offrir des sacrifices à la Paphienne, dont les

[1] Dans sa *Satire contre les charlatans & médecins empiriques* (1610).

ceremonies ne sont aultres qu'embrassades amoureuses & copulations voluptueuses, ne sachant puis apres de quel mestier se mesler durant l'hyver de leur vieillesse, cherchent enfin leur dernier recours à l'exercice de la médecine, & se meslent a toutes fins de visiter les malades, prescrire remedes, ordonner purgations, preparer breuvages, potions electuaires & compositions violentes aux femmes & filles qu'eux-mesmes auront peut-estre desbauchées & mises au mestier pour les faire avorter & avaler[1] leur fruict avant terme pour couvrir par cette ruse diabolique leur tripotage amoureux & impudicité desréglée. Ils se servent d'ordinaire d'un grand nombre d'onguens, huiles, eaux distillées, cataplasmes, compositions, embrocations, baings & fomentations pour maintenir leurs chalendes en leur beau teinct, amoindrir le sein, derider le ventre, rebondir le *monticulus veneris,* estrecir[2] quilboquet ou l'enfer d'Alibec, restraindre les nymphes, raffermir les aislerons ou caruncules par

[1] Étymologiquement : *faire tomber, laißer descendre.*
[2] Rétrécir.

trop relaschées, & bref les remectre en leur premier pucelage

> *Rendant leur cas außy petit*
> *Qu'il estoit la premiere nuict,*

se persuadant, tant elles sont presomptueuses &
esgarées de leur sens, qu'il n'y a medecin au
monde plus docte & experimenté qu'elles. »

L'enseignement clinique de l'Hôtel-Dieu
était encore une école d'application pratique,
& peut-être la meilleure. Fondé au VIIᵉ siècle
par l'évêque Saint-Landri, & rebâti au XIIᵉ siècle
sous son vocable moderne, le vieil hôpital était
resté sous l'administration du chapitre & des-
servi par des religieux de l'ordre de Saint-
Augustin.

Jusqu'au milieu du XVᵉ siècle, & grâce
au dévouement de son personnel, la maison
resta à la hauteur de sa tâche, rendant de réels
services à la population parisienne. Mais que
le régime était austère, d'une austérité qui
nous fait sourire aujourd'hui ! « A la Maison-
Dieu, portait le règlement intérieur, aulcun
malade n'est reçeu si ne se confesse à l'entrée. »
Alors seulement le pauvre diable était admis

à se coucher; & comme le nombre des places était fort insuffisant, on casait jusqu'à trois malades dans chaque lit. Pour eux pas d'indigestion à redouter; ils faisaient journellement deux repas, à 11 heures & 6 heures; mais en dehors du carême, le maigre était encore de règle trois fois par semaine, soit cent quarante fois par an. Le reste du temps, la nourriture était de qualité médiocre & insuffisante, «guère plus que la ration d'un enfant de chœur».

Le service médical était assuré par des docteurs assistés de *compagnons internes* logés dans la maison, & d'*externes*. Ce service, nous devons le reconnaître, n'était pas mal conçu, eu égard à l'époque, & ces jeunes gens puisaient à l'Hôtel-Dieu des connaissances sérieuses. Ambroise Paré, qui passa six ans dans la maison comme compagnon chirurgien, reconnut plus tard avec éloge cet enseignement. Mais le service très absorbant auquel ils étaient astreints, la minutie des exercices religieux qui obligeaient tout le monde, n'étaient compensés par aucune distraction, & les tentatives faites à plusieurs reprises pour obtenir un peu plus de liberté de mouvements n'eurent aucun succès. En juin

1690, les compagnons se rendirent en corps au Bureau de direction «pour faire leur remonstrance, affin d'estre dispensez de rentrer à neuf heures du soir, particulierement dans ceste saison de l'esté, sous pretexte qu'ils avoient besoing de prendre le bon air pour dissiper le mauvais qu'ils respirent au pansement des malades, & aussy qu'ils n'avoient que le soir pour faire leurs affaires». Un refus comminatoire ne se fit pas attendre. Tant de rigueur avait-elle pour but de sauvegarder l'innocence de cette jeunesse? Il semble bien alors qu'elle chercha des compensations au dedans. Déjà en 1662, le Bureau décide de faire coucher dans un local à part «les filles malades, de l'âge de douze ans & au-dessus, quand on aura crainte que pour leur beauté ou autrement on les vienne desbaucher, & pour cest effect la dicte salle sera tenue ouverte le moins qu'on pourra».

Depuis le milieu du xve siècle, l'Hôtel-Dieu était un peu en décadence; l'indiscipline & des conflits d'attributions entravaient le service, enfin, la place faisait défaut. Les plaintes éclatent au xviie siècle & ne cessent de devenir plus vives; en 1740, «jamais les malades n'avoient esté plus mal soignés par les médecins» qui négligeaient leurs visites, tandis que les compagnons se livraient à des incartades qui aggravaient le mal. Trois d'entre eux «ayant introduit des filles dans la chambre de garde, y ont passé toute la nuiƈt avec elles, s'y sont enivrés & ont commis toute sorte d'excès; au lieu de coucher dans l'Hôtel-Dieu, comme ils y sont obligés, ils se font remplacer dans la chambre de garde par des externes qui sont hors d'état de donner aux malades les secours nécessaires». En 1777, Joseph II, de passage à Paris, visita l'hôpital & ce qu'il y vit l'indigna; il courut à Versailles en faire part au roi qui ordonna une enquête. A ce moment, peu d'années avant la Révolution, six personnes étaient encore couchées dans le même lit, ayant trois par trois les pieds à la hauteur du visage de leur voisin. Il est aisé d'imaginer les souffrances des malheureux entassés, au nombre de 2,500, sur un espace calculé pour la moitié de ce chiffre, & l'infeƈtion qui en résultait. Au reste les hôpitaux, jusqu'à cette époque, n'étaient pas chauffés, & celui de la

Charité, le mieux tenu au XVIIIe siècle, ne fut pourvu de poêles qu'en 1786. Jusqu'alors les malades pouvaient bien avoir le nez ou les oreilles gelés dans leur lit : on se contentait d'amputer l'organe atteint, & tout était dit.

Le troisième moyen d'enseignement pratique pour les jeunes bacheliers comportait les visites à la suite d'un docteur. Le médecin du temps de Louis XIV n'était plus, ainsi qu'on se le figure souvent, un homme d'extérieur pédantesque, sortant en longue robe & bonnet conique; ce n'était là le fait que de quelques individualités obstinément arriérées, dont une pièce du temps a fixé la caricature :

Affecter un air pédantesque,
Cracher du grec & du latin,
Longue perruque, habit grotesque,
De la fourrure & du satin,
Tout cela réuni fait presque
Ce qu'on appelle un médecin.

En public, le médecin ne se distinguait en rien de son entourage; un rabat blanc & uni, des vêtements sombres mais garnis de rubans, avec cela une perruque à la mode : voilà son

costume. La mule était encore d'un usage général, mais déjà les jeunes, comme Guénaut
qui avait une des plus belles clientèles de Paris,
préféraient le cheval, au grand dépit de Boileau :

Guénaut sur son cheval en paßant m'éclabouße.

Le médecin était reçu avec égard dans les
familles, faisant part de ses observations, en
latin, à son élève, puis expliquait le cas au
malade; c'est alors qu'intervenaient les humeurs peccantes, les vapeurs malignes, &c.
Le prix de la visite variait, comme de nos
jours, suivant la condition du malade & du
médecin : généralement il était d'un écu. Au
total, la profession assurait, sinon la fortune
dans la plupart des cas, du moins l'*aurea medio-
critas* qui permit à Eusèbe Renaudot, le fils du
célèbre Théophraste, d'établir convenablement
ses douze enfants. Dans le livre-journal, tenu
très régulièrement, de ses recettes, il note,
sous la date de juillet 1669, que trois de ses
confrères & lui, appelés à Compiègne pour
soigner le Dauphin, y passèrent sept jours, &
chacun reçut 400 livres. Colbert payait chaque

visite un louis d'or (environ 100 francs de notre
monnaie).

Quelle était donc la doctrine scientifique
formant la base de cet enseignement? Nous
savons déjà que la théorie en vogue durant
des siècles a été celle des éléments auxquels
correspondaient quatre tempéraments (chaud,
froid, sec, humide), des *esprits* résidant dans
les divers organes, & des *humeurs* répandues
dans le corps : leur équilibre constituait la santé,
l'excès de l'une sur les autres amenait la *plé-
thore*, & la saignée intervenait aussitôt; si les
humeurs s'altéraient dans leur qualité, elles
étaient *peccantes, âcres, mordicantes,* & la purgation,
le lavement étaient de rigueur. C'était le principe des trois S : saignée, séné, seringue, que
Molière a résumé dans la formule connue :

Clysterium donare
Postea seignare
Ensuita purgare.

Dès le XIIIe siècle, la saignée était si bien
entrée dans les mœurs que c'était un cas dis-
pensant les bourgeois du service du guet.
«Nus, dit *Le Livre des Mestiers,* qui ait passé

lx ans, ne cil ausquex leur fames gisent d'enfant, ne nul qui soit sainiez, se il n'a esté se-
mons ançois (avant) que il se feist sainnier, ne
doivent poinct de guait.» On saignait parfois
par punition; ainsi *Le Mesnagier de Paris,* à la fin
du xiv⁰ siècle, rapporte le cas d'un bourgeois
qui, ayant à se plaindre de sa femme, fit venir
un barbier pour la saigner. «Il mande le barbier & fait faire le feu. Lors luy faict eschauf-
fer le bras dextre au feu[1], & quant il fut es-
chauffé, si la fist saignier.»

Dans les couvents, toute la communauté
était astreinte à la saignée quatre ou cinq fois
par an, aux grandes fêtes : on prétendait faci-
liter ainsi aux religieux l'observation de leur
vœu de chasteté & d'une règle austère. Pendant les trois jours *malades* ou de la *minution du
sang* après l'opération, l'ordinaire subissait une
légère amélioration & chacun se recouchait
après matines.

Au xvi⁰ siècle, l'abus de la saignée s'aggrave :
Paris semble un vaste champ de bataille où les
médecins, le sourire aux lèvres, répandent à

[1] Pour attirer le sang.

flots le sang de leurs clients. «Plus on tire de l'eau croupie d'un puits, plus il en revient», expliquait Botalli, le médecin de Henri II & de Charles IX; & la Faculté émettait cette maxime que «le corps humain contenant environ vingt-quatre litres de sang, il peut en perdre vingt sans mourir».

Que dire des médecins du xviie siècle? Ils s'en donnèrent à lancette que veux-tu. Louis XIII & Richelieu, tous deux phtisiques, furent les victimes du régime à la mode : Richelieu fut saigné cinq fois avant de mourir, & le roi, pour sa part, subit en une année 47 saignées, 212 lavements & 215 purgations. Gui Patin, l'illustre médecin si aigre dans toutes les questions professionnelles, compagnon si attachant par son esprit dans les relations sociales, était le plus fanatique partisan de cette école; il n'épargnait personne. «Un de mes petits garçons, âgé de trois mois, écrit-il en janvier 1644, prit un tel rhume & une telle toux qu'il en pensa étouffer. Deux saignées & force lavements le garantirent.» Près de vingt ans après, en 1663, il fait encore cet aveu : «J'ai fait saigner autrefois un enfant de trois jours pour un érysipèle qu'il avait à la gorge. Il est encore vivant, âgé de 35 ans.» C'était surtout le 1ᵉʳ mai que la saignée passait pour salutaire : beaucoup de gens avaient l'habitude de se faire saigner par précaution au printemps & en automne. L'acte s'accomplissait derrière les volets fermés, à la lumière d'un flambeau, & l'on mettait dans la main du patient quelque bâton «tant pour luy soustenir le bras que pour ayder le coulement du sang». Il y avait cependant des réfractaires, notamment parmi les étrangers & même les provinciaux, qui ne partageaient pas l'empressement général. Gui de La Brosse, le créateur du Jardin des Plantes, la repoussa jusqu'à la fin, à la grande fureur de Gui Patin. «Comme on luy parla d'estre saigné, il respondit que c'estoit le remède des pédants sanguinaires (il nous faisoit l'honneur de nous appeler ainsi) & qu'il aimoit mieulx mourir que d'estre saigné; aussi a-t-il faict. Le diable le saignera dans l'aultre monde, comme le mérite un fourbe, un athée!» Et vers 1700, l'Italien Marana écrivait de Paris : «Quand j'ai voulu assurer que jamais on ne m'avait ouvert la veine, les chirurgiens de France n'ont pu

me croire sans auparavant me voir nud. » Mais
le fameux chirurgien Dionis avait réponse à
toutes les objections : « Il est facile de répondre
à ceux qui s'étonnent de ce qu'on saigne plus
en France, & particulièrement à Paris, qu'en
aucun autre lieu du monde : c'est parce qu'on
y fait plus de sang, le climat étant plus tem-
péré & la nourriture meilleure. On fait si bonne
chère à Paris & on y a inventé tant de nouveaux ragoûts pour exciter l'appétit qu'il ne
faut pas être surpris si on y fait plus de sang
qu'ailleurs. »

Le clystère devenu, grâce à Molière, le
symbole du médecin qui l'ordonnait & de
l'apothicaire qui l'administrait[1], avait pour
lui le prestige de son antiquité ; déjà les Égyp-
tiens, puis les Grecs & les Arabes le connaissaient, mais jamais la machine hydraulique
n'a fonctionné aussi activement qu'au grand
siècle, où elle inonda de ses flots de liquide

---

[1] De là le surnom de *carabin,* appliqué à ce dernier
par une assimilation ironique avec les cavaliers ainsi
nommés de l'ancienne armée, qui combattaient à pied &
à cheval munis d'une carabine ; la seringue elle-même
s'appelait l'*escopette d'Hippocrate.*

les contemporains de Louis XIV. Le Grand Roi lui-même ne prit pas moins de 2,000 lavements, & la plupart des grandes dames de la cour au moins autant; de là vient que la chaise percée, dernière étape de ce traitement, tint une si large place dans les habitudes privées, au point d'être admise dans bien des sociétés, & des meilleures.

Le séné & la casse étaient les purgatifs préférés de la Faculté & de Gui Patin : se défiant des apothicaires, ils mettaient bien au-dessus des drogues d'officines les tisanes aisément apprêtées à domicile.

Ces détails suffisent : on voit à quel point nos vieux médecins, & ceux de cour tout les premiers, prêtaient le flanc à la raillerie & aux intrigues.

Le premier médecin, à la fin du règne de Louis XIV, touchait un traitement de 40,000 livres & portait le titre héréditaire de comte; sa clientèle était immense, car tous les courtisans tenaient à avoir le même médecin que le roi. Un médecin ordinaire, quand il avait quelque entregent, pouvait devenir premier médecin, le tout était de savoir s'y prendre :

«Le Roy étant à Marly eut un fort accès de fièvre. Les médecins, sur le minuit, voyant que la fièvre diminuait, lui firent prendre un bouillon. Daquin dit : «Voilà la fièvre qui est «sur son déclin, je m'en vais me coucher.» Fagon fit semblant de le suivre, & s'arrêta dans l'antichambre, en disant entre ses dents : «Quand donc veillerons-nous? Nous avons «un si bon maître, & qui nous paie si bien.»

«Il se fit un fauteuil, appuyé sur un bâton; il était aussi bien que dans sa chambre, parce qu'il ne se déshabille jamais, & ne dort qu'à son séant, à cause de son asthme. Une heure après, le Roy appela le premier valet de chambre & se plaignit à lui que sa fièvre durait encore. Il lui dit : «Sire, M. Daquin s'est allé coucher, «mais M. Fagon est là-dedans : le ferai-je en-«trer? — Que me dira-t-il? lui dit le Roy, qui «craignait que le premier médecin ne le sût. «— Sire, reprit Niert, il vous dira peut-être «quelque chose; il vous consolera.» Fagon entra, tâta le pouls, fit prendre de la tisane, fit changer de côté, & enfin il se trouva seul auprès du Roy pour la première fois de sa vie.

«Daquin eut son congé trois mois après sur

une bagatelle dont on lui fit une «querelle
«d'Allemand[1]. »

A la réflexion & avec quelque expérience des
hommes, on ne s'étonnera pas outre mesure de
trouver dans cette cabale des confrères, jaloux
peut-être d'une aussi haute fortune, & à leur
tête l'inévitable Patin. «Hier, écrit-il, Guénaut, Valot, Brayer & Béda Des Fougerais[2]
alterquaient ensemble, & ne s'accordaient pas
de l'espèce de maladie dont le malade mou-
rait. Brayer dit que la rate est gâtée, Guénaut
dit que c'est le foie, Valot, que c'est le pou-
mon & qu'il y a de l'eau dans la poitrine; Des
Fougerais, que c'est un abcès du mésentère. Ne
voilà-t-il pas d'habiles gens! Ce sont les four-
beries ordinaires des empiriques & des médecins de cour qu'on fait suppléer à l'ignorance.»
Qu'étaient-ils donc tous les quatre? A en croire
leur adversaire, la honte de la Faculté! Daquin, élevé à sa haute position par la faveur
de Mᵐᵉ de Maintenon, n'était «qu'un pauvre
cancre, race de Juif, grand charlatan, véritable-

[1] *Mémoires de Choisy,* édit. Michaud, XXX, p. 619.
[2] Les médecins de la cour, qui soignèrent Mazarin durant sa dernière maladie.

ment court de science, mais riche en fourbe-
ries »; Des Fougerais, « un charlatan s'il en fut
jamais, homme de bien à ce qu'il dit »; quant
à Guénaut, il répétait à qui voulait l'entendre
qu'on ne saurait attraper l'écu du malade que
si on le trompait. Mais comme il passait pour
avoir, par son traitement, hâté la mort de
Mazarin, la haine des Parisiens à l'égard du
ministre défunt passait à ce titre bien des choses
à son médecin. Esprit enfin était mal vu, comme
partisan de l'antimoine & de la nouvelle médication chimique, par les tenants de l'ancien
régime. Quadruple accusation que Molière
résume sous la forme d'une indulgence plus
sceptique : « Un médecin est un homme que
l'on paie pour conter des fariboles dans la
chambre d'un malade jusqu'à ce que la nature
l'ait guéri ou que les remèdes l'aient tué. »
Du reste il était difficile de défendre bien vivement des gens qui semblaient prendre à tâche
de se déconsidérer eux-mêmes par leurs querelles scandaleuses. « Un marchand d'orviétan [1]

[1] Drogue importée d'Orvieto, en Italie, & débitée
à grand renfort de réclames par les charlatans du Pont-
Neuf.

s'était adressé au doyen de la Faculté pour obtenir un certificat favorable à l'opiat qu'il avait inventé : c'était une drogue du Pont-Neuf. Repoussé de ce côté, il s'adressa à Guénaut, Des Fougerais, &c., en tout douze docteurs besogneux, & obtint d'eux les certificats qu'il désirait. Le charlatan revint à la charge auprès du nouveau doyen, qui eut l'adresse de se faire remettre l'attestation des douze médecins. En possession de cette pièce, il dénonça les signataires qui furent honteusement chassés de la Faculté. Voyant leur carrière brisée, ils demandèrent publiquement pardon; mais la tache leur est restée. »

Pouvons-nous passer sous silence l'une des plus vieilles traditions de l'ancienne monarchie, qui nous montre l'exercice, du moins occasionnel, d'une pratique médicale, revêtu de tout le prestige de la royauté? Les rois de France, qui ont été si rarement des saints, s'attribuaient le pouvoir de guérir les écrouelles : il leur suffisait de les toucher avec la main, en disant au malade : «Le roi te touche, Dieu te guérit.» C'est que les rois très chrétiens, fils aînés de

l'Église, unissaient à leur souveraineté tempo-
relle un caractère religieux, presque sacerdotal,
effet de l'onction sainte qu'ils avaient tous successivement reçue depuis Clovis. Portant sous
le manteau du sacre la dalmatique des diacres,
ils comptaient au nombre des chanoines de
Saint-Martin de Tours; ils avaient en outre le
privilège de communier sous les deux espèces,
comme le clergé.

Les écrouelles devaient céder au simple at-
touchement du roi, «& par la seule parole,
sans anneaux, sans simples, & sans autres in-
grediens & receptes particulieres, ains vrayment
par miracle[1]». L'acte avait lieu à la suite du
sacre, puis aux grandes fêtes, Noël, Pâques,
Pentecôte, Toussaint. Le prévôt de Paris faisait publier en ville la nouvelle que le roi tou-
cherait les écrouelles tel jour, en tel lieu, invi-
tant les malades à s'y réunir de bon matin. Le
premier médecin, les médecins ordinaires, chirurgiens & barbiers commençaient par les visiter, renvoyant ceux qui ne paraissaient pas
sérieusement atteints. Les autres étaient rangés

---

[1] Du Peyrat, *Histoire ecclésiastique de la Cour,* p. 795.

sur plusieurs lignes, à genoux & les mains jointes. Le roi, qui s'était confessé & avait communié, arrivait avec une suite de seigneurs, de prélats & de gardes du corps. Il s'approchait de chaque malade, lui traçant sur le visage le signe de la croix avec la main droite, du front au menton & d'une oreille à l'autre; & il répétait à chacun cette formule : *Le roi te touche, Dieu te guérit.* Pendant l'opération, le premier médecin appuyait sa main sur la tête du malade, & le capitaine des gardes lui tenait les mains jointes. Quand le roi était passé, l'aumônier remettait à chacun une aumône avec ces mots : *Priez Dieu pour le roi !*

La cérémonie terminée, le roi se frottait les mains avec trois serviettes mouillées, l'une de vinaigre, l'autre d'eau, la dernière d'essence de fleur d'oranger. Ils se soumirent tous à cette corvée. Louis XIII avait à peine dix ans lorsqu'il dut toucher huit cents scrofuleux : il ressentit, au cours de la cérémonie, un moment de dégoût. Questionné par la reine, le P. Cotton, qui avait accompagné le prince, «luy respondit qu'à la vérité lorsqu'il eut touché deux ou trois malades, il fist semblant de se

vouloir touscher la main, mais qu'il se ras-
seura tout aussytost, & qu'il toucha bien &
diligemment apres cela». Son médecin Hé-
roard, qui a laissé tout un *Journal de la Santé
de Louis XIII,* remarque d'autre part «qu'il
blemissait un peu, mais il ne le voulut jamais
faire paroistre, & ne voulut pas prendre de
l'écorce de citron».

Le Vendredi saint, Louis XIV toucha en
une seule séance jusqu'à dix-huit cents scrofuleux ; Louis XV, après son sacre, jusqu'à deux
mille, & Louis XVI deux mille quatre cents,
dont cinq furent guéris. A cette époque, l'ancienne formule était un peu modifiée ; en disant : *Dieu te guériße, le roi te touche,* elle n'affir-
mait plus la guérison & se bornait à la souhaiter.

Quel était au fond l'effet de cette solennité ?
«Un grand nombre de ceux qui ont été touchés par le Roy asseurent avoir esté gueris ;
c'est pourquoy je conseille à tous ceux qui
sont affligés de ces maux de tenter un moyen
spirituel si doux pour obtenir leur guerison
avant de se livrer entre les mains des chirurgiens.» La Palatine, elle, ne croyait guère à la
vertu de l'opération, & d'Argenson pas da-

vantage : «Pendant que j'étais intendant du Hainaut (février 1723), il arriva qu'un homme d'Avesnes, qui avait été au sacre à Reims se faire toucher par le roi pour les écrouelles qu'il avait bel & bien, se trouva absolument guéri trois mois après. Dès que j'appris cela, je saisis cette occasion de faire ma cour; je fis bien vite informer par enquête, certificats, &c., je n'épargnai pas les courriers & les lettres, & j'envoyai cela tout musqué au petit bonhomme La Vrillière, qui me répondit sèchement que voilà qui était bien, & que personne ne révoquait en doute le don qu'avaient nos rois d'opérer ces prodiges[1]. »

La Faculté ne se départait guère de son humeur combative : en querelle dans son propre sein, en lutte avec les apothicaires, elle fit une guerre sans merci aux chirurgiens. Ni Galien, dans l'antiquité, ni aucun autre n'avaient fait de dissection : le respect des morts s'y opposait, & les papes, au nom du principe religieux, maintinrent cette interdiction. L'Église

---

[1] *Mémoires d'Argenson*, éd. Rathery, I, p. 47.

catholique «avait horreur du sang», & l'Université, qui en était une émanation, ne permettait pas à ses membres le maniement de la lancette ou du scalpel, vil travail manuel : lorsqu'elle admit la Faculté de médecine dans son sein, elle refusa expressément d'y comprendre les chirurgiens. Le médecin remettait donc, le cas échéant, son malade au bras séculier du chirurgien qui devenait son agent d'exécution & en savait souvent aussi long que lui. Quant aux étudiants, ils arrivaient pour la plupart jusqu'au baccalauréat sans avoir jamais assisté à une dissection.

Et qu'on ne croie pas que cette règle resta lettre morte! Durant tout le moyen âge & jusqu'à la fin de l'ancien régime, tout chirurgien qui voulait prendre ses grades en médecine devait s'engager solennellement à ne plus faire aucune opération, afin, disent les statuts de la Faculté, «de garder pure & intacte la dignité de l'ordre des médecins». L'intérêt des malades, en définitive la raison d'être des uns & des autres, ne passait qu'en seconde ligne. En 1748, le fameux artiste Germain fut frappé d'apoplexie, & son médecin ordonna deux saignées, se gardant strictement de les pratiquer lui-même : à l'arrivée du chirurgien auquel il laissait ce soin, il était trop tard.

Depuis fort longtemps les simples barbiers se mêlaient, tout en rasant les mentons de leurs contemporains, de menues opérations, « de curer [1] & guerir toutes manieres de cloux, de boces, aposthumes & plaies ouvertes », lorsque, vers la fin du XIIIe siècle, les chirurgiens se constituèrent en confrérie sous le patronage de saint Côme & saint Damien. Ces nouveaux *chirurgiens en robe longue* avaient la mission spéciale d'exercer un contrôle sur les gens « qui se entremeslent de cyrurgie », les pauvres barbiers qui osaient « mectre des banieres à leurs fenestres comme les vrais cyrurgiens & panser les blessés ». Ce fut le début d'une longue lutte où les chirurgiens provoquaient la répression pour écraser leurs rivaux. En 1301, le prévôt de Paris interdit à vingt-six barbiers « de s'entremectre du dict mestier devant que ils soient examinés des mestres de cyrurgie, savoir se ils sont souffisant au dict mestier fere ».

[1] Soigner.

Le roi Jean, plus tard, renouvela la défense. Mais la Faculté, leur adversaire commune, entretenait la rivalité pour les annuler les uns par les autres; repoussant les avances des chirurgiens qui cherchaient à se rapprocher d'elle, elle s'appuya sur les barbiers jugés sans conséquence, & consentit même à leur donner quelques leçons : de quelle sorte, on va le voir. Les barbiers ne comprenaient pas le latin, seule langue de l'enseignement : on s'arrêta à un moyen terme en décidant que les leçons seraient données en latin, & les explications en français; les chirurgiens finirent par être admis à faire les dissections sous l'œil du régent de médecine, tandis que les barbiers assistaient à tout, écoutaient tout, & comprenaient s'ils le pouvaient. De cet enseignement composite est sorti le latin scolaire si bizarrement macaronique à la portée des ignorants, dont Molière nous a donné un aperçu. En dépit des obstacles, leur zèle à observer, à pratiquer toutes les manipulations, fut la source de leurs succès : n'oublions pas que c'est du milieu de ces pauvres barbiers qu'est sorti Ambroise Paré, devenu le créateur de la chirurgie française. Charles V

conféra aux humbles praticiens le droit de
«bailler & administrer à tous emplastres, on-
gnements & aultres medecines convenables &
necessaires pour guerir & curer toutes manieres
de cloux, boces, apostumes & toutes plaies
ouvertes, & ne puissent estre doresnavant molestez, troublez ou empeschiez par les cirur-
giens & mires jurez en aucune maniere». Les
voilà donc triomphant de l'étroite & vaniteuse
jalousie de leurs rivaux qui rougissaient presque
de faire une opération, de toucher à un instrument; les voilà dispensés aussi du service du
guet, auquel étaient soumises les autres corporations! On peut être sûr que, depuis longtemps,
le petit peuple ne s'adressait qu'à eux, ne pouvant «ainsi, comme ils font des barbiers, recourir ausdiz mires jurez, qui sont gens de
grant estat & de grant sallaire».

Le succès des barbiers piqua les chirurgiens
qui, fiers de leurs progrès, demandèrent en
1576 à être admis, comme Faculté distincte,
avec tous les droits & privilèges académiques,
dans l'Université. Cette téméraire prétention
souleva un horrible tumulte : les bacheliers en
médecine & ès arts se ruèrent sur les pétition-

naires à coups de poing, &, devant l'absten-
tion des autres Facultés, les médecins restèrent
maîtres du champ de bataille.

Pour faire des études sérieuses, nos chirurgiens & barbiers avaient besoin de deux choses :
un amphithéâtre & des cadavres. C'était précisément ce qui leur manquait le plus. Encore
en 1505, le doyen Avis dut se transporter, trois
jours de suite, à l'hôtel de Nesle, sur l'emplacement actuel de l'Institut, pour faire une dissection ; quant à la matière première, aux cadavres, nous savons déjà combien il était difficile
de s'en procurer. La Faculté s'en servait bien
peu pour elle-même, n'en accordant pas plus
de deux par an à ses écoliers, & elle n'en tolérait
autant qu'avec son autorisation aux chirurgiens.
Le principal fournisseur en cette matière était
le bourreau : le doyen adressait une requête au
lieutenant-criminel qui lui faisait remettre un
corps de supplicié. C'était toujours un grand
événement dans le monde des écoliers. Le bedeau allait prévenir maîtres & étudiants, & un
barbier-chirurgien venait exécuter l'opération
sous la présidence des docteurs-régents que leur
grandeur empêchait de toucher à rien.

Les chirurgiens & barbiers, eux, ne pouvaient se contenter à si peu de frais : ils s'entendaient avec le greffier criminel & le bourreau qui, moyennant argent, leur remettaient des cadavres; ce dernier, pour dégager sa responsabilité, exigeait qu'on lui fît violence. Les élèves en chirurgie & les apprentis barbiers, qui attendaient toute exécution comme une fête dont ils devaient avoir leur part, se réunissaient sur la Grève, entourés d'une foule de bateliers, de crocheteurs, de laquais : l'exécution terminée, ils se précipitaient sur le cadavre & l'emportaient dans quelque boutique de chirurgien, s'y barricadant contre les retours offensifs de la maréchaussée. Ambroise Paré lui-même, le génial savant, dut recourir à des démarches analogues auprès du lieutenant-criminel. Vésale, le grand anatomiste belge, poussait son zèle de recherches jusqu'à rôder en personne autour des gibets de Montfaucon, à s'introduire nuitamment dans les cimetières pour arracher les cadavres aux tombes.

Devenu, par l'estime des chirurgiens & la laveur de Henri II, honneur peut-être unique, membre de la confrérie de Saint-Côme sans savoir ni latin ni grec, m^e Ambroise fut appelé à soigner le petit roi François II : poste de confiance où la malignité des envieux le poursuivit encore. On l'accusa « de lui avoir mis du poison dans l'oreille lorsqu'il le pansoit, & cela par le commandement de la reine-mère qui ne voyoit pas d'autre moyen d'assurer son autorité » ! Pas n'est besoin, pour expliquer cette mort prématurée, de se ranger à l'opinion de Michelet, qui dit crûment : «François II mourut de Marie Stuart.» Son grand-père, le roi François, ne fût pas mort pour si peu ; il est vrai que la race était bien déchue de son ancienne vigueur. Mais la vérité était tout autre : le jeune roi, faible & scrofuleux, succomba à un abcès tuberculeux de l'oreille.

L'honnête Paré, qui l'avait assisté, ne fut pas appelé auprès de la reine Catherine lors de l'accident qui l'atteignit en 1563. Jusqu'alors les femmes montaient *à la planchette ;* assises de côté, elles devaient à tout instant tourner la tête, posture aussi disgracieuse qu'incommode. Catherine eut la première l'idée d'avancer sur

6

l'arçon de sa selle la jambe qu'elle avait fort bien faite, au dire de Brantôme; son innovation, imitée bientôt par les dames de la cour, causa au début nombre d'accidents. La reine elle-même fit une chute fort grave. Dure à elle-même comme aux autres, elle ne se plaignit guère, & subit courageusement l'opération du trépan. En ce temps où les anesthésiques étaient inconnus, où, à défaut de la ligature des artères, on pratiquait la cautérisation au fer rouge ou à l'huile bouillante, tout le monde, hommes & femmes, montrait une singulière endurance devant la douleur. Quelques jours après son opération, la reine en écrivait avec un parfait détachement à la duchesse de Guise : «Je n'ay aysté guiere blaysaye, & ne suis que marquaye sur le nay comme lé moutons du Berry [1].»

En vain des ordonnances successives cherchèrent à défendre, sous menace de peines sévères, «de doresnavant bailler & delivrer aulcuns corps morts pour anatomie ou dissection

---

[1] *Lettres inédites de Catherine de Médicis,* publ. par La Ferrière, II, p. 98.

sans la requeste signée du doyen de la Faculté»,
le bourreau aimait mieux vendre ses cadavres
aux chirurgiens, d'ordinaire assez généreux,
qu'au doyen qui ne les payait que 3 livres : en
1659, ils payèrent un de ces corps 56 livres;
là-dessus intervint un arrêt condamnant
«Galliot, greffier criminel du Chastelet, Sainct-
Germain & Dubois, exempts, & l'executeur de
la justice à restituer les 56 livres mal pris &
exigez pour avoir delivrance d'un cadavre supplicié».

En février 1672, l'huissier Masson fut chargé
d'instrumenter, sur les plaintes de la Faculté,
contre le collège des chirurgiens de Saint-
Côme [1]. «Nous nous sommes transporté en la
maison dite Sainct-Cosme, où estant & parlant
au sieur Mauriceau, maistre es arts, chirurgien-
juré, prévost de la communaulté, nous luy
avons enjoinct de nous faire ouverture des
portes de la salle & chambre de la dicte maison,
pour enlever le cadavre par eulx pris le jour

[1] Ce collège, où les chirurgiens donnaient aussi des
consultations gratuites le premier lundi de chaque mois,
était voisin de l'emplacement actuel de la Faculté de médecine.

d'hier des mains de l'executeur de la haulte justice, & qui fut porté en la diƈte maison sans permission ny consentement du sieur doyen de la Faculté de médecine. Lequel sieur Mauriceau auroit esté refusant de faire la diƈte ouverture, ce qui m'auroit contrainƈt demander un serrurier. Et a l'instant Jean Champnoir, garçon serrurier estant survenu, j'aurois faiƈt faire ouverture de la porte de leur salle & de ur amphitheatre, en présence de René Beraud, Ant. Siné & Nic. Bouillé, bourgeois. Dans lesquels lieux & dans tous les aultres de la diƈte maison n'ayant trouvé le diƈt cadavre, le concierge & sa femme ont diƈt, en la presence de tous les susnommez, que le diƈt cadavre avoit esté enlevé dès le jour d'hier, à minuit, sur l'avis qu'ils ont eu que le diƈt sieur doyen se plaignoit de ce qu'ils avoient le diƈt sujet. »

Les chirurgiens & barbiers tenaient boutique & dès cette époque déjà éloignée ne se faisaient pas faute d'user d'une savante publicité ainsi qu'en témoigne la réclame, naguère & fort heureusement retrouvée, d'un de ces praticiens du XVIᵉ siècle.

« Plaise vous sçavoir qu'il y a aux faulxbourcz
sainct Germain des Prez ung maistre barbier
& sirurgien qui est bien expert & bien experimenté & qui a faict plusieurs belles cures &
beaux experimens en la ville de Paris & ailleurs;
qui, avec l'aide de Dieu, garist de toutes mal-
ladies procédentes de la grosse verolle curable,
sans grever nature ne faire violence aux patiens.
Et aussy garist le dit de plusieurs aultres mal-
ladies segrettes & aultres qui ne sont pas icy
declarez. Et le dit maistre garist par bruvaiges,
sans frotter d'oignemens & sans suer. Et sy le
dit maistre garist bien aussy par suer & par
frotter d'oignemens qui vouldra. Et aussy qui
vouldra estre traicté pour faire la diete, le dit
maistre la fera faire honnestement. Et premie-
rement garist le dit maistre de gouttes nouées
ou a nouer, de nerfs retraictz & de vieilles
ulcères, dartres à la main ou en aultre lieu,
chancre en la gorge ou en la bouche ou au
palais, avecques les cartillages altérez. Ou s'il
y a quelque personnaige qui ait trou au palais,
& que a raison du dit trou le personnaige parle du nez, vienne par devers le dit maistre, &
avec l'aide de Dieu il pourra bien parler. Le dit

maistre demeure aux faubourcz sainct Germain
des Prez, vis a vis d'ung patissier[1]. »

Ceux qui ne savaient rien d'autre se contentaient de raser, les autres vendaient des
bandages herniaires & autres appareils ou
emplâtres. Des spécialistes se partageaient les
grandes opérations : la saignée, les fractures,
les maladies d'yeux, & l'opération de la pierre,
affection alors très répandue. Jusqu'au xvᵉ siècle
les notions qu'on en possédait étaient bien
restreintes, par suite le traitement presque impossible. En 1474, c'est la Chronique Scan-
daleuse [2] qui nous l'apprend, un franc-archer
de Meudon, condamné pour un vol dans
l'église de sa petite ville, allait être « pendu &
estranglé au gibet de Montfaucon ». En pareil
cas, l'opinion du temps trouvait fort naturelle
l'idée de prendre un condamné comme sujet
d'une expérience *in anima vili* : s'il y succom-
bait, du moins n'y avait-il rien de perdu.
Comme le pauvre diable était atteint de la
pierre dont souffraient également plusieurs per-

[1] *Bulletin de la Société de l'histoire de Paris,* VIII, p. 130.
[2] A tort ainsi nommée : elle n'a de scandaleux que
son titre.

sonnages contemporains de haut rang, on repré-
senta au roi Louis XI «qu'il seroit fort requis de
veoir les lieux où les dictes maladies sont con-
créées dedans les corps humains, laquelle chose
ne povoit mieulx estre sceue que par inciser le
corps d'un homme vivant; ce qui povoit bien
estre faict en la personne d'icelluy franc-archer,
qui aussi bien estoit prest de souffrir mort.
Laquelle ouverture & incision fut faicte au
corps du dict franc-archer, & dedens icellui
quis [1] & regardé le lieu des dictes maladies. Et
apres qu'ilz orent esté veues, fut recousu & ses
entrailles remises dedens, & fut par l'ordonnance du roy fait tres bien penser, & tellement
que, dedens xv jours apres, il fut bien guery,
& ot remission de ses cas, & si lui fut donné
avecques ce argent».

La taille alors n'effrayait personne; au
xvᵉ siècle, & encore au xviᵉ & même au xviiᵉ,
la population ne travaillait pas d'une manière
excessive, ne se hâtait guère & mangeait à
loisir; exempte du rachitisme, de l'hystérie &
de toutes les formes du nervosisme inhérentes

[1] Examiné.

à notre époque, elle supportait la douleur des opérations avec un courage dont nous dispensent les anesthésiques modernes. Voyez ce Marsilly dont Tallemant[1] nous raconte l'aventure originale : « Il se résolut à se faire tailler; mais, au lieu de se reposer devant l'opération, il alla tout le matin en grosses bottes, à son ordinaire, solliciter ses procez à cheval. Quand il fut de retour, il trouva qu'on l'attendoit. « Faut-il « oster mes bottes ? » dit-il (car il ne les quittoit jamais). — « Pensez que oui », luy respondit-on. — « Voylà bien des preparatifs; à quoy « bon tout cela ? » Il ne voulut jamais se laisser lier les bras[2]. Quand l'opération fut faitte : «Je ne sçache, dit-il, personne qui par plaisir «se laissast faire cela.» Le cinquiesme jour, il se creva de trippes; la fievre le prend; le voylà bien mal. A force de lavements & de saignées, on le sauva. Jamais il ne dit autre raison, sinon : « J'avois envie de manger des trippes. »

Les opérateurs de la taille étaient en majeure partie des spécialistes qui pratiquaient aussi la ré-

[1] *Historiettes,* VII, p. 416.
[2] Suivant l'usage, pour empêcher le patient d'entraver par ses gesticulations l'action de l'opérateur.

duction de la hernie. Vers la fin du XVIIe siècle, un religieux, Trimont de Cabrières, confia au roi le secret d'un remède merveilleux pour cette cure : c'était un mélange d'esprit de sel & de vin rouge. Le roi, qui avait acheté ce secret à l'inventeur, le faisait préparer sous son contrôle pour le distribuer aux malades. « Ce fut pour lors, nous raconte Dionis [1], qu'on découvrit combien de gens étoient affectés de descentes, par le grand nombre de ceux qui venoient demander ce remède. On s'adressoit au premier valet de chambre du Roy en quartier, on luy donnoit un petit billet de l'âge de celuy qui avoit besoin du remède. Quelques jours après on retournoit quérir un petit panier d'ozier, dans lequel il y avoit trois bouteilles de chopine, chacune pleine de vin mélangé, dont on prenoit pendant vingt & un jours. De ceux qui ont pris ce remède, les uns ont assuré d'en avoir été guéris ou soulagez, les autres ont dit qu'il ne leur avoit rien fait. »

L'insuccès, facile à prévoir, de cures aussi problématiques, répandit une certaine défiance

---

[1] *Opérations de chirurgie*, p. 269.

à leur égard, puis le remède n'était pas à la portée de tous : bref, une foule d'opérateurs interlopes s'étaient avisés de recourir à l'ablation d'un testicule ou même de deux ; traitement héroïque qui passait pour souverain *contre les varices, la lèpre, la goutte, la folie* ! De plus, l'illustre Jean Bodin, à la fin du xvie siècle, prétendait que « les chastrez surmontent tous les autres hommes en prudence ». Ambroise Paré presque seul s'élève contre la pratique de ceux « qui coupent les coïllons » aux jeunes gens ; on doit au contraire conserver ces organes « qui sont necessaires à la generation & qui mettent la paix en la maison » [1].

Plus tard le chirurgien Dionis redresse l'erreur courante sur les castrats qui ne sont nullement exempts de tous les maux dont on les déclare trop légèrement quittes : « il avoit connu, ajoute-t-il, un opérateur qui ne nourrissoit son chien que de testicules ; le chien se tenoit sous le lit ou sous la table, proche son maître, en attendant ce morceau friand, dont il le régaloit aussitôt après avoir fait l'extirpa-

---

[1] *Œuvres,* 1607, p. 315 & 399.

tion ». La Société royale de médecine finit par s'émouvoir, & institua une commission chargée d'ouvrir une enquête sur ces faits.

Des *mirgeßes,* nous l'avons dit, exerçaient une sorte de médecine clandestine, & il eût paru naturel qu'elles donnassent leurs soins en première ligne aux femmes. Cependant la sage-femme, au moyen âge, était un article assez rare, par suite recherché. En 1292, Paris n'en comptait que deux, dont les services étaient si fort appréciés qu'un siècle plus tard la duchesse de Bourgogne fit venir de Paris à Dijon «Asseline la ventriere» pour la soigner.

Jusqu'au XVIIe siècle on ne trouve nulle trace d'un enseignement régulier pour les femmes : les candidates s'instruisaient tant bien que mal, au hasard des occasions, & commençaient à se faire la main en accouchant des femmes « de petit estat & condition »; après avoir « pratiqué grandement » cinq années durant, elle se faisaient recevoir par une commission siégeant au collège de Saint-Côme.

Les médecins, cela va sans dire, dédaignaient

cet art comme tout le reste de la chirurgie ; ils
se bornaient à assister, dans une attitude pleine
de gravité, à l'opération, abandonnant les manipulations à la sage-femme. L'indifférence des
médecins laissait le champ libre aux chirurgiens, & plusieurs s'y engagèrent avec succès.
Dans les dernières années du xviiᵉ siècle, un
savant allemand remarqua que les chirurgiens
français étaient devenus plus adroits que leurs
confrères étrangers, « car ils ont très souvent
l'occasion d'assister des femmes en couches ;
c'est maintenant la coutume en France que
même les jeunes mariées se laissent voir & ma-
nier sans honte par les chirurgiens quand elles
sont près d'accoucher ». Le bon Hecquet eut
beau protester au nom de ses scrupules religieux : le pli était pris depuis que Louis XIV,
en 1711, avait conféré la noblesse à l'accoucheur de la Dauphine. La question n'était plus
que de savoir si l'accoucheur devait être jeune
ou vieux, beau ou laid. Les uns soutenaient
le premier parti, qui ménageait les répugnances
de la femme ; les autres le second, qui imposait silence à la jalousie des maris.

Tout le monde convenait qu'une femme

en mal d'enfant devait être saignée à certaines dates; mais le doute des accoucheurs portait sur l'opportunité de la purgation; &, question bien plus controversée encore, une femme grosse devait-elle se refuser à son mari ? L'un disait oui, l'autre non; c'était l'avis du célèbre Dionis, au commencement du XVIIIe siècle. « Mauriceau, affirme-t-il plaisamment, ne peut avoir fait cette observation par lui-même, n'ayant jamais pu avoir un seul enfant. Pour moi, qui ai une femme qui a esté grosse vingt fois & m'a donné vingt enfants, je suis convaincu que les caresses du mari ne gastent rien. »

Le même Dionis donne au chirurgien, pour encourager les femmes durant les dernières douleurs, des conseils qui sentent déjà l'esprit fort de la Régence. « Il ne doit pas s'opposer aux reliques qu'on leur apporte dans ce temps-là; s'il paroissoit n'y avoir pas de foi, il passeroit pour un hérétique & un athée. Il faut les laisser faire sur cet article; il faut qu'il entende tout & ne dise mot. » D'autres, plus expéditifs, se contentaient « de faire asseoir la femme sur le cul d'un chauderon chaud, ou de luy mettre sur le ventre le bonnet de son mary » ; le chirurgien Laurent Joubert nous explique que « cette tiédeur ramollit le croupion & le rend plus facile à céder, comme font les fomentations ramollissantes ».

Les amateurs avaient encore la ressource d'entourer la cuisse de la patiente d'une peau de vipère, en lui faisant prendre un petit verre d'eau de tête de cerf. « Si une femme estant en travail d'enfant mange de la chair du loup, ou quelqu'un qui en aura mangé s'approche d'elle quand elle commencera à sentir le mal, cela lui donnera un bien grand allégement. »

Aussitôt l'opération faite, on couvrait le ventre de l'accouchée de la peau encore chaude d'un mouton noir. Aux premières couches de la Dauphine, belle-fille de Louis XIV, le boucher, qui avait terminé ses apprêts dans une pièce voisine, se hâta d'apporter dans la chambre de la princesse la peau qu'il craignait de laisser refroidir ; malheureusement elle tenait encore au cadavre par quelque lambeau, en sorte que le mouton écorché & tout sanglant fut traîné jusqu'au pied du lit. Devant la frayeur des assistants, Clément[1] renonça dès lors à cette recette.

L'origine de l'art dentaire, qui répondait à une nécessité de premier ordre, se perd dans la nuit des temps : nul autre qu'Esculape lui-même, paraît-il, n'inventa l'art d'extraire les dents. C'est un anatomiste grec qui avait émis ce principe : N'arrachez pas, guérissez! Le vieil Hippocrate ne recourait à l'extraction que dans les cas désespérés ; &, à son exemple, Celse, au premier siècle de notre ère, recommandait de consolider les dents ébranlées en les fixant avec une masse d'or à leurs voisines plus solides. De bonne heure l'art de fabriquer des dents artificielles avait atteint une grande perfection : les témoignages abondent à cet égard. « Tu ôtes chaque soir tes dents comme ta robe », dit Martial le satirique à une Romaine de son temps. Mais l'habileté des dentistes romains ne

[1] C'est lui qui avait opéré toutes les couches de M^llo de La Vallière. Le roi, qui en faisait grand cas, lui conféra la noblesse, à la condition que sa nouvelle qualité ne l'empêcherait pas d'accoucher les femmes de tout rang.

se transmit pas aux premiers barbiers parisiens. Saint Louis, lorsqu'il mourut, en 1270, ne portait plus qu'une dent à la mâchoire inférieure : le trésor de Saint-Denis conserva longtemps au nombre de ses reliques « la mandibule monsʳ Saint Loys, roy de France, tout entiere defaillant à l'exception d'une dent ». François Iᵉʳ lui aussi dut avoir de mauvaises dents; il avait un dentiste attitré, Guill. Courœil, & son médecin Jean Gœurot a laissé un petit manuel intitulé : *L'entretenement de vie,* où il recommande une décoction de camphre dans le vinaigre, ou de pyrèthre, de menthe & de rue dans le vin chaud contre les douleurs de dents, & la corne de cerf pour les blanchir. Depuis longtemps on connaissait à Paris les emplâtres de mastic qu'on apposait sur la joue en les recouvrant de taffetas ou de velours noir.

Vous portez une mouche, avez-vous mal aux dents?

lisons-nous dans une satire du poète Courval-Sonnet[1]. Ces petites taches noires ne faisaient

[1] *Les exercices de ce temps,* 1631, p. 5.

pas grand bien à ceux qui souffraient, mais elles ressortaient à merveille sur la blancheur de la peau, & la coquetterie ne tarda pas à tirer parti des *mouches* pour donner de l'éclat à un teint pâli.

Henri IV eut de bonne heure les dents gâtées. Un livre de ses comptes porte, à l'année 1581, cette mention : « Or pour aurifier les dents du Roi, 15 l. 15 s. » Les bouches roturières se contentaient de plomb ou de liège. On en était même venu déjà à poser des dentiers complets d'os, d'ivoire ou de « dents de rohart » (requin), fort imparfaits sans doute, & que l'on retirait pour manger. Mlle de Gournay, l'amie intellectuelle de Montaigne, portait, au dire de Tallemant Des Réaux [1], « un ratelier de dents de loup marin ; elle l'ostoit en mangeant, mais elle le remettoit pour parler plus facilement, & cela assez adroictement. A table, quand les autres parloient, elle ostoit son ratelier & se depeschoit de doubler ses morceaux, & après elle remettoit son ratelier pour dire sa ratelée ».

[1] *Historiettes,* II, p. 346.

Gui Patin, est-il besoin de le dire, ne connaissait d'autre remède aux douleurs que la saignée : « J'eus hier une grande douleur de dents, écrivait-il en juin 1661, laquelle m'obligea de me faire saigner du côté même : la douleur s'arrêta tout à coup. Ce matin la douleur m'a un peu repris : j'ai fait piquer l'autre bras, j'en ai été guéri aussitôt. »

Il était impossible que les charlatans du Pont-Neuf, qui déjà avaient fait une si bruyante irruption dans le domaine médical, n'étendissent pas aussi leur activité à l'art dentaire. De tout temps, il y a eu de ces farceurs qui se qualifiaient d'opérateurs & établissaient le théâtre de leurs exploits sur la voie publique. Galonnés d'or, l'épée au côté, ils attiraient par leur tapageuse réclame la foule autour de leurs tréteaux où ils traitaient « les soldats par courtoisie, les pauvres pour l'honneur de Dieu, & les riches marchands pour de l'argent ». Le *Francion* de Sorel nous montre l'un d'eux dans le feu de son rôle.

« Un jour me promenant sur le Pont-Neuf, je vis arriver un homme à cheval vers les Augustins, qui avoit une casaque fourrée, un

manteau de taffetas par-dessus, une épée pendue
au côté droit, & un cordon de chapeau fait avec
des dents enfilées ensemble. Sa mine étoit grotesque comme son habit, si bien que je me mis
à regarder. Il s'arrêta au bout du pont, & encore que personne ne fût autour de lui, il se
mit à parler ainsi, interrogeant son cheval à
faute d'autre compaignie : « Viens çà, dis, mon
« cheval, pourquoi est-ce que nous venons en
« cette place? Si tu savois parler, tu me répon-
« drois que c'est pour faire service aux hon-
« nêtes gens. Mais, me dira quelqu'un, gentil-
« homme italien, à quoi est-ce que tu nous
« peux servir? — A vous arracher les dents,
« messieurs, sans vous faire aucune douleur, &
« à vous en remettre d'autres, avec lesquelles
« vous pourrez manger comme avec les natu-
« relles. — Et avec quoi les ôtez-vous? avec la
« pointe d'une épée? — Non, messieurs, cela
« est trop vieil; c'est avec ce que je tiens dans
« ma main. — Et que tiens-tu dans ta main,
« seigneur italien?— La bride de mon cheval. »

« Cet arracheur de dents n'eut pas sitôt commencé cette belle harangue, qu'un crocheteur,
un laquais, une vendeuse de cerises, trois ma-

quereaux, deux filous, une garce & un vendeur d'almanachs s'arrêtèrent pour l'ouyr. Ayant tant de venerables auditeurs, il continua ainsi : « Qui est-ce qui arrache les dents aux princes « & aux rois? Est-ce Carmeline, est-ce l'Anglois « à la fraise jaune? Est-ce maître Arnaut qui, « pour faire croire qu'il arrache les dents aux « potentats, a fait peindre autour de son por- « trait le pape & tout le consistoire des cardi- « naux, avec chacun un emplâtre sur la temple « (tempe)? — Non, ce n'est pas lui. — Qui « est-ce donc qui arrache les dents à ces grands « princes? — C'est le gentilhomme italien que « vous voyez, messieurs, moi, moi, ma per- « sonne. »

« Il disoit ceci en se montrant & se frappant la poitrine, & il enfila après beaucoup d'autres sottises, s'interrogeant toujours soi-même, & tâchant à parler italien écorché encore qu'il fût un franc Normand. Si on l'eût cru, personne n'eût plus voulu avoir aucune dent en bouche. Aussi se présenta-t-il un gueux auquel il en ôta plus de six, car il les lui avoit mises auparavant; & tenant un peu de peinture rouge dans sa bouche, il sembloit qu'il crachoit du sang. »

Au xviiie siècle, l'art dentaire fait de sensibles progrès : Caperon, le dentiste de Louis XV, puis le chirurgien Dionis continuent à réprouver l'extraction précipitée des dents. Cependant en février 1738 le petit Dauphin souffrit assez vivement, & Caperon conclut à la nécessité de l'opération. «Le Dauphin montra beaucoup de fermeté en cette occasion. M. de Châtillon l'avait averti le matin qu'il était nécessaire d'arracher cette dent. M. le Dauphin demanda quelque temps pour prendre sa résolution. M. de Châtillon étant sorti environ une demi-heure, M. le Dauphin lui dit en rentrant que sa résolution était prise & que ce seroit à quatre heures. Quatre heures étant sonnées sans que personne parlât à M. le Dauphin de faire arracher sa dent, il demanda de lui-même où était Caperon. On a fort loué cette action de courage [1]. »

Las de l'irréconciliable hostilité des médecins, les chirurgiens prirent un grand parti : ils se décidèrent à faire cause commune avec

[1] *Mémoires de Luynes,* II, p. 49.

les barbiers en fondant les deux corporations en une seule. Mais oui ! sans l'autorisation de la Faculté ! Quel acte d'indépendance de « cette race de méchants coquins bien extravagants, qui ont des moustaches & des rasoirs ». C'est Gui Patin, l'éternel porte-paroles de ses collègues, qui éclate ainsi, & il ajoute : « Nous ne prétendons pas empêcher qu'il y ait à Saint-Côme des chirurgiens, mais seulement nous voulons avoir une compagnie de chirurgiens-barbiers qui prête tous les ans serment de fidélité dans nos écoles & nous paie une redevance ; mais nous ne voulons ni robes, ni bonnets, ni licences ; ils sont déjà assez glorieux & assez sots sans cet apparat. » Furieuse de cette initiative hardie, la Compagnie leur intenta un procès qui aboutit à reconnaître le fait accompli, mais en subordonnant étroitement la nouvelle corporation à la Faculté de médecine. Échec bien immérité pour des gens qui s'étaient élevés, à force d'intelligente persévérance & de réels services, de la condition la plus humble au rang élevé dont l'arrogante incapacité de leurs adversaires leur avait ouvert l'accès. Ils ne tardèrent pas, au reste, à trouver une éclatante revanche dans le succès de l'opération subie en 1686 par le roi. Depuis le commencement de cette année, Louis XIV souffrait d'un mal assez peu relevé, mais fort douloureux : une fistule à l'anus. Le premier chirurgien, Félix, reconnut la nécessité d'une incision, mais il s'agissait de porter le fer sur la personne sacrée du roi ! On recula devant cette extrémité.

Aussitôt les donneurs d'avis d'affluer. L'un vanta les eaux de Barèges, & l'on fit partir, sous la conduite d'un chirurgien, quatre personnes affligées d'une fistule pour expérimenter l'efficacité du traitement : en vain. Un autre recommanda les eaux de Bourbon : nouvel essai suivi d'un nouvel insuccès. Un Jacobin proposa une eau de sa composition, & un autre un onguent; & Louvois, qui ne voulait rien négliger pour le salut d'une santé si précieuse, fit traiter sous la surveillance de Félix plusieurs malades par les prétendus spécialistes. Une année se passa en tâtonnements stériles, enfin le roi sentit la nécessité de prendre un parti, & s'y décida avec beaucoup de fermeté. La veille du jour fixé, il monta à cheval à son ordinaire, se promena, soupa avec la famille royale, le tout sans montrer aucune émotion. Cette nuit-là, il coucha dans la salle de l'Œil-de-Bœuf. Vers sept heures du matin, les opérateurs entrèrent : deux médecins, Daquin & Fagon, qui devaient présider à l'opération; deux chirurgiens, Félix & Bessières, qui devaient opérer; plus quatre apothicaires; enfin Mme de Maintenon, Louvois & le père La Chaise. Le malade fut placé sur le bord du lit, un traversin sous le ventre, les cuisses écartées & tenues par deux apothicaires. Félix donna huit coups de ciseau sans que le roi fît entendre une plainte! Le dernier pansement achevé, le roi fut replacé dans son lit, & aussitôt « la porte fut ouverte à ce qu'on appelle la première entrée. Ayant remarqué qu'on ne faisoit aucun bruit, le Roy ordonna que toutes choses se fissent à l'ordinaire, tint conseil dès le jour mesme, & permit dès le lendemain aux ministres estrangers de le saluer ».

L'an 1686 devint, à la Cour, *l'année de la fistule,* & la maladie elle-même fut mise à la mode. Tout le monde voulut l'avoir; quiconque était assez heureux pour l'avoir réellement ne se tenait plus de joie & de fierté. Il courait chez le chirurgien, exigeant qu'il lui fît *la même opé-ration qu'au roi.* « Il y a eu, écrit le chirurgien Dionis, des courtisans qui ont choisi Versailles pour se soumettre à cette opération, parce que le Roy s'informe de toutes les circonstances de cette maladie. Ceux qui avoient quelque petit suintement ou de simples hémorroïdes ne dif-féroient pas à présenter leur derriere au chirur-gien. J'en ay veu plus de trente qui vouloient qu'on leur feist l'opération, & dont la folie estoit si grande qu'ils paroissoient faschez lors-qu'on les asseuroit qu'il n'y avoit poinct né-cessité de la faire. »

Ajoutons, pour finir, que cette opération coûta à la France plus d'un million de notre monnaie. Les deux médecins, spectateurs pas-sifs, reçurent ensemble 180,000 livres; Félix, 300,000 livres, un titre de noblesse & la terre des Moulineaux; son confrère, 40,000 livres; les apothicaires, chacun 12,000 livres. Mais un résultat primait tous les autres : l'honneur que conférait aux chirurgiens, jusqu'alors honnis par les médecins, la considération du roi en les portant du coup presque au premier rang.

La mortification était grande pour la Faculté : tant que vécut le roi, certes elle n'osa pas bouger; mais l'avènement de Louis XV amena la reprise des vieilles luttes. Un arrêt royal y mit fin en décidant que, en aucun cas ni à aucun titre, la Faculté de médecine ne pourrait désormais réclamer l'hommage des chirurgiens, & promut définitivement la chirurgie, jusque-là simple métier manuel, au rang des arts libéraux.

Déjà la corporation possédait un privilège considérable : le premier chirurgien de la cour avait le devoir, à la mort du roi, de pratiquer l'autopsie de sa dépouille mortelle. Louis XV mourut de la variole le 10 mai 1774, à deux heures après midi. Le corps était dans un tel état de décomposition que l'on n'osa entreprendre l'opération habituelle. Le duc d'Aumont, premier gentilhomme de la chambre, reprocha au chirurgien La Martinière sa pusillanimité. «Monsieur le duc, fit celui-ci, je consens à ouvrir le corps du roi, comme c'est ma fonction; mais vous remplirez la vôtre, qui est de tenir la tête de la feue Majesté; M. le chambellan la sienne, qui est de recevoir le cœur. Je vous préviens avant qu'en peu d'heures

nous sommes tous morts. » Le duc n'insista pas.
«Sa seule présence & l'odeur qui s'en exhalait, ajoute Soulavie[1], donnèrent la mort aux domestiques qui lui rendirent les derniers services; on ne trouva que les vidangeurs de Versailles assez hardis pour l'ensevelir dans une bière de plomb sans baume & sans aromates; il fallut renfermer cette bière dans du son & couvrir le tout d'une double caisse de bois. »

Pauvre Faculté ! sa défaite était consommée; chaque jour emportait quelque parcelle de son ancien prestige. Comme l'Université, comme tous les corps issus de l'Eglise catholique & imprégnés de son esprit, restée figée, au milieu d'une société en pleine évolution, dans sa haine du progrès & son attachement aux traditions du passé, elle se voyait entraînée dans la même décadence. Encore blottie, quinze ans avant la Révolution, dans les bâtiments de la rue de la Bûcherie, lézardés & croulants comme son enseignement & son organisation, elle allait

[1] *Mémoires du règne de Louis XVI*, 1, p. 161.

achever de mourir, rue Jean-de-Beauvais, dans l'édifice que venait de lui céder la Faculté de droit, avant de revivre, au siècle suivant, sur l'emplacement qu'occupaient provisoirement les chirurgiens, enfin triomphants & libres.

L'UNIVERSITÉ
ET LES COLLÈGES

L'UNIVERSITÉ
ET LES COLLÈGES.

L'amateur de souvenirs historiques qui gravit aujourd'hui les pentes escarpées aboutissant au Panthéon ne saurait, en dépit des ruines qui ont emporté tant de choses, échapper à l'évocation d'un passé illustre qui l'assaille à chaque pas. Dans ces rues maussades où s'alignent les hôtels borgnes & les logements sordides, dans ce quartier qui a si longtemps abrité la misère gaiement supportée des écoliers, ont retenti pendant des siècles les discussions passionnées de la scolastique alternant avec les rixes d'une jeunesse turbulente, sans cesse aux prises avec les bourgeois, parfois avec la royauté : nous sommes ici sur le Mont Sacré de l'Université de Paris, le foyer primordial de l'enseignement public en France & en Europe.

L'Université de Paris est la plus ancienne

du monde civilisé, car elle remonte, nous le verrons plus loin, au delà du XIIIe siècle ; cette *fille aînée des rois,* ainsi qu'on l'intitula bientôt, mériterait bien aussi d'être appelée la mère des universités de l'Europe : c'est elle qui en inspira la création successive, leur donna leur organisation & leur traça le cadre de leurs études.

Longtemps on a prétendu attribuer à Charlemagne le mérite de cette fondation. Dès le XIIIe siècle, Vincent de Beauvais, dans son *Miroir hiftorial,* l'une de nos premières encyclopédies, s'était fait l'organe de cette tradition ; encore en 1440, Gerson, personnifiant l'Université dans une harangue adressée au Parlement, met dans sa bouche ces paroles ambitieuses : «Je suis celle qui, premièrement en Adam, fuis inspirée en sa nouvelle création. Je suis celle qui, depuis, par succession, fuis fondée & renouvelée en Égypte par Abraham & autres fils de Noé. Puis, fuis transpoisée à Athènes & nommée *Pallas* ou *Minerve.* Puis vins à Rome, quand chevalerie y seignorisait ; puis par Charlemaigne le grand fuis plantée, à grans labeurs, en France, en la cité de

Paris » [1]. Le savant Pasquier, dans ses *Recher-ches de la France* parues en 1560, a le premier démontré cette erreur : Charlemagne, il est vrai, inaugura, au sortir de la décadence mé-rovingienne, une première Renaissance. Il fit un séjour à Rome en 774, & il est vraisem-blable que la vue des monuments échappés à la destruction, la rencontre d'hommes nourris aux sources de la beauté antique, fixèrent sa décision [2]. Entouré d'une pléiade de savants — nous ne nommons ici que le diacre lom-bard Paul & Alcuin, le principal artisan de cette rénovation intellectuelle — il ouvrit dans les monastères & les villes épiscopales des écoles d'où sortirent la plupart des hommes qui se

[1] Ce style est bien conforme aux traditions du moyen âge & encore du xviiᵉ siècle, qui rehaussaient l'éloquence des discours officiels, en invoquant l'autorité des grands noms de l'histoire sacrée & profane, Le fameux discours des *Plaideurs,* que coupe la proverbiale apostrophe : Avo-cat, passez au déluge! — ne fait que rappeler un usage général.

[2] « Il rassembla à Rome, nous dit le Moine d'Angou-lême, des maîtres dans l'art de la grammaire & du calcul, & il les conduisit dans le pays des Francs; car, avant le sei-gneur roi Charles, il n'y avait dans ce pays aucune étude des arts libéraux. »

distinguèrent aux siècles suivants. «Que votre
Dévotion sache, écrit-il à l'abbé Bangulf, que,
dans les évêchés confiés à nos soins par la
faveur du Christ, on doit prendre soin non
seulement de vivre régulièrement & selon
notre sainte religion, mais encore d'instruire
dans les lettres & selon la capacité de chacun
ceux qui peuvent apprendre avec l'aide de
Dieu. Car, s'il est mieux de bien faire que
de savoir, encore faut-il savoir avant de faire.
Or, plusieurs monastères nous ayant, dans ces
dernières années, adressé des écrits par lesquels
on nous annonçait que les frères priaient pour
nous dans les saintes cérémonies & dans leurs
pieuses oraisons, nous avons remarqué que,
dans la plupart de ces écrits, les sentiments
étaient bons, mais les paroles grossièrement
incultes. Nous avons, dès lors, commencé à
craindre que, de même qu'il y avait peu
d'habileté à écrire, l'intelligence des Saintes
Ecritures aussi fût beaucoup moindre qu'elle
devrait l'être. Aussi vous exhortons-nous non
seulement à ne pas négliger l'étude des lettres,
mais à travailler pour être en état de pénétrer
facilement & sûrement les mystères des Saintes

Écritures. Qu'on choisisse donc pour cette œuvre des hommes qui aient la volonté & la possibilité d'apprendre & l'art d'instruire les autres. »

C'est au clergé, on le voit, qu'il s'adresse, au clergé qui eut le privilège exclusif de ranimer l'étincelle des lettres antiques; ce sont les écoles dirigées par les évêques à l'ombre de leurs églises & celles des couvents fondés lors des invasions barbares qui restèrent les seuls foyers de la culture & de la science humaines au sein de la grossièreté générale. Une telle origine, jointe à l'autorité d'aussi grands services, devait imprimer à toute l'orientation de l'instruction publique un caractère ecclésiastique qu'elle a gardé pendant des siècles.

Et qu'enseignait-on dans ces écoles? C'est Alcuin lui-même, dans un rapport adressé à son maître, qui nous répondra : « Aux uns j'offre le miel de l'Écriture; je m'efforce de nourrir les autres des fruits de la subtilité grammaticale. Il en est que j'enivre du vin des sciences antiques; il en est un petit nombre que j'éclaire de la splendeur & de l'ordre des astres. » Dans cette organisation de l'enseignement, nous trouvons en germe le système d’instruction suivi durant tout le moyen âge : il avait pour base le *trivium* (grammaire, rhétorique & dialectique ou art de raisonner suïvant les règles de la logique) & le *quadrivium* (arithmétique, géométrie, musique & astronomie), divisions déjà connues des écoles antiques. Ajoutons que l’école comportait une salle réservée aux copistes de manuscrits : une inscription en vers, due à Alcuin, recommandait aux travailleurs d’être minutieusement exacts en évitant d’écrire un mot pour un autre, & de ponctuer avec soin.

Alcuin meurt, puis Charlemagne, mais leur œuvre leur survit. Les écoles, sans briller du même éclat, poursuivent leur activité. Leur chef prend, durant un quart de siècle, une place à part parmi ses contemporains : c’est l’Irlandais Jean Scot Érigène, qui doit aujourd’hui à son œuvre de penseur sa juste célébrité. L’ouvrage où il résume le fruit de ses méditations mérite de faire époque dans l’histoire de la pensée humaine : il marque une transition entre l’ancienne philosophie grecque & la philosophie scolastique qui est à la veille

d'envahir les écoles du moyen âge; elle y do-
minera sans rivale durant trop longtemps.

L'avènement de la troisième race, qui donne
à Paris la prépondérance définitive comme
capitale, n'est pas seulement la proclamation
d'une dynastie succédant à une autre : c'est
la fusion des diverses races éparses sur le sol
de la vieille Gaule en un seul corps de nation,
les Français. Au sortir d'une crise qui aboutit
à son unité nationale, la société nouvelle, ra-
jeunie & pleine d'ardeur, inaugure une activité multiple qui se traduit, au XII siècle, par
la constitution des communes autonomes & la
création des corporations, dont la plus illustre
est cette corporation enseignante qui s'appelle
l'*Université de Paris.*

Dès la fin du IX siècle, le moine Rémi
d'Auxerre enseignait publiquement à Paris la
dialectique & la musique : c'est son école qui
peut être considérée comme le point de départ
direct de l'Université de Paris. On ne sait rien
de ses successeurs immédiats, mais, vers le milieu du X siècle, l'école de Paris était certai-
nement en grande renommée; c'est sur le bruit
de son nom que le moine Abbon, *écolâtre* ou

maître de l'abbaye de Fleury-sur-Loire, vint y achever ses études dans les arts libéraux.

De toutes les parties du monde chrétien, d'Angleterre, d'Allemagne, de Pologne, d'Italie, commençaient à accourir en foule les auditeurs de premier ordre : au xe siècle, c'est Stanislas, évêque de Cracovie; puis Adalbéron, évêque de Wurzbourg, accompagné des évêques de Salzbourg & de Passau; vers la fin du même siècle, un noble anglais, Étienne Harding, plus tard général de l'ordre de Cîteaux, & un noble romain, Pierre de Léon, qui devint le pape Anaclet.

Parmi les maîtres, que de noms illustres à citer ! En 1022, un disciple de Fulbert de Chartres, une des lumières de son siècle comme théologien, penseur & écrivain, Lambert tenait école publique. L'Alsacien Mangold enseignait vers 1080. Il eut pour disciples deux des hommes les plus considérables du temps : Guillaume de Champeaux, le philosophe scolastique, qui lui succéda comme maître de l'école de Paris, & Robert d'Arbrissel, fondateur de l'ordre de Fontevrault. Et Guillaume de Champeaux lui-même eut pour écolier, bientôt pour rival, Pierre Abélard, l'illustre champion de l'indépendance de la pensée, qui remplit du bruit de son enseignement son siècle & le monde, & fixa dans ses grandes lignes la philosophie du moyen âge.

Avec le xiiᵉ siècle, l'école de Paris se place définitivement à la tête de l'enseignement européen. En dehors des écoles ecclésiastiques, que dirigeait le chapitre de la cathédrale sous l'autorité de l'évêque, d'autres écoles s'ouvrent au Cloître, au Grand-Pont, au Petit-Pont. De là les maîtres franchissent les limites de la Cité, s'établissent à l'abbaye de Saint-Victor, sur le flanc septentrional de la montagne Sainte-Geneviève, enfin sur tout le territoire dont le nom conserve encore leur souvenir. Et une conséquence, non prévue, celle-là, au programme, du succès des études, eut son contre-coup dans les conditions économiques de la cité : l'affluence des étudiants étrangers doubla la population parisienne, si bien que Philippe Auguste se trouva amené, à la fin du siècle, à reculer l'enceinte de la ville [1].

[1] Jean Juvénal des Ursins déclarait, en 1435, que, dans les temps antérieurs, on avait vu à Paris de seize mille à

Toutes ces écoles restaient encore isolées, sans lien entre elles, & dépourvues de l'organisation propre à toute institution régulière. Au début du XIIe siècle, il est vrai, se révèlent les premiers symptômes d'un ordre nouveau ; dès lors, semble-t-il, les usages scolaires comportent la collation régulière des grades qui, à en croire un chroniqueur contemporain, Mathieu Paris, s'obtenaient à l'élection & par une sorte de concours.

C'est Philippe Auguste qui, en l'an 1200, donna la consécration légale & sans doute rétrospective, à l'ensemble des écoles, par un diplôme qui reconnaît d'une manière définitive l'existence de l'Université de Paris[1] avec

vingt mille écoliers, étrangers aussi bien que français. Ce nombre avait dû être encore plus considérable au XIIIe & au commencement du XIVe siècle, avant la multiplication des universités en Europe.

[1] Il faut remarquer que le mot *Universitas,* dans le protocole latin des actes royaux, était une périphrase d'une portée générale, désignant toute collectivité à laquelle s'adressait l'acte. *Universitas vestra* signifiait «vous tous», comme *Religio vestra* s'appliquait à un prélat, *Majestas vestra* à un roi. Employé, ainsi qu'il l'eût été dans tout autre acte, dans la charte de reconnaissance de l'université, ce terme se spécialisa, par un de ces phénomènes de transposition qui ne sont pas rares dans l'histoire de la

son chef, ses officiers & ses privilèges : fait capital dans l'histoire de l'enseignement en France; en plaçant au premier rang l'Université parisienne, le roi offrait un modèle aux grandes villes du royaume, qui lui empruntèrent son organisation lorsqu'elles créèrent successivement les leurs.

Ajoutons encore, & le détail n'est pas sans doute dénué d'intérêt, que l'événement qui eut un si long retentissement dans l'histoire du moyen âge fut le résultat d'une vulgaire querelle de cabaret, d'un de ces *faits divers* quotidiens qu'amènent en tout temps les mœurs des grandes villes. Un étudiant allemand, l'archidiacre Henri, candidat à l'évêché de Liège, envoya son valet chez un détaillant pour acheter du vin. Cet homme s'y prit de querelle avec certains buveurs, & revint, non avec du vin (on lui avait cassé son pot), mais avec la marque des coups reçus. Sans délai les écoliers allemands se réunirent pour la ven-

langue; de la charte royale il passa dans l'usage pour n'y plus désigner que l'ensemble des étudiants parisiens, puis l'institution qui les unissait, enfin le quartier qui leur était propre.

geance & coururent chez le marchand de vin qui fut grièvement blessé. De là, grand émoi en ville; le peuple commence à s'agiter, le prévôt se met à sa tête & assiège les demeures des Allemands qui se défendent hardiment : l'archidiacre & quelques-uns de ses compagnons furent tués dans la lutte.

Les régents des écoles allèrent porter plainte au roi contre le prévôt, demandant qu'il leur fût remis pour être fustigé publiquement avec les coupables de second ordre. Quelques-uns de ces derniers avaient déjà gagné le large : leurs maisons furent détruites, leurs vignes & leurs arbres arrachés. Quant au prévôt dont le roi se réserva le jugement, il fut arrêté & condamné à une prison perpétuelle.

Le roi & le pape, les deux grandes puissances du moyen âge, ne ménagèrent pas les encouragements à l'institution naissante. Le pape réserva aux juges d'église toutes les causes des écoliers, & accorda aux clercs le droit de quitter leurs bénéfices aussi longtemps qu'ils séjourneraient à Paris, soit comme maîtres, soit comme écoliers. Le roi ne pouvait faire moins; sa mémorable charte avait précisément pour

objet le règlement de la querelle survenue
entre son propre prévôt & les étudiants : il donna
tort au premier, déclarant inviolable, sauf le
cas de flagrant délit, la personne de ces jeunes
gens, & plaça l'Université entière, pour toutes
les affaires séculières, sous sa juridiction immé-
diate. Ces prérogatives, ratifiées par le légat
Robert de Courçon en 1215, le furent encore
par les rois suivants; ils y ajoutèrent l'exemp-
tion de tous les droits de péages, subsides,
impôts & service de guerre. Voilà les privilèges
de l'Université, qui ont tenu une si grande
place dans son histoire. Sans doute ils pouvaient avoir leur raison d'être tant qu'il s'agit
de protéger les débuts d'une institution si glo-
rieuse pour la royauté & le pays; entre les
mains d'une jeunesse enhardie par trop de
faveurs, ils devinrent une arme dont l'impru-
dente abusa. Tous ses adversaires étaient con-
traints de plier devant elle; le malheureux
prévôt désavoué, nous l'avons vu, par le roi,
fut jeté en prison & se tua en essayant de
s'évader. Elle s'immisçait dans les affaires publiques. Croyait-elle ses privilèges méconnus,
aussitôt elle avait recours au pape, si le défen-

deur était un clerc, au roi si c'était un laïque ;
en cas d'échec, c'était la *ceßation des études,* la
voie la plus efficace. L'Université suspendait
brusquement tout enseignement public, les
gradués en théologie cessaient de prêcher.
C'était toute une partie de la vie sociale qui
était mise en interdit. Le cas se présenta au car-
naval de 1228 pour une querelle de cabaret.
Le dimanche & le lundi gras, des écoliers
sortis de la ville, en vue de se divertir, se diri-
gèrent vers le bourg de Saint-Marcel. D'aventure ils entrèrent dans une taverne, & trouvant
le vin à leur gré, ils y firent trop largement
honneur ; ils observaient sans doute le précepte
que recommandait Villon deux siècles plus
tard :

> *C'eſt bien disné quand on eschappe*
> *Sans desbourser mie ung denier,*
> *Et diſt bonsoir au tavernier*
> *En torchant son ne͜z à la nappe.*

Bref une dispute s'engagea sur le règlement
de l'écot ; des mots on en vint aux mains, aux
cheveux, aux armes, & le conflit se propagea
entre bourgeois & écoliers. La reine-régente

Blanche, cédant aux suggestions, en ce moment peu favorables, de l'évêque & du légat, sévit contre les écoliers. Les sergents royaux firent une descente, & quelques-uns des mutins furent jetés à la Seine, d'autres blessés, même tués sur place. Impuissante à obtenir satisfaction du pouvoir royal, l'Université fit ce qu'elle faisait toujours en pareil cas : elle quitta Paris en masse, entraînant avec elle tout un peuple de *suppôts* & de clients; c'était une partie notable de la population parisienne qui émigrait. La rupture dura deux ans; puis la reine, assiégée d'instances, capitula, & les maîtres rappelés obtinrent toutes les satisfactions exigées. Mais leur victoire extérieure ne laissa pas de leur coûter un peu cher : les villes d'Oxford, d'Orléans, de Poitiers, d'Angers gardèrent une partie de ces exilés volontaires qui y avaient apporté les éléments d'universités nouvelles; elles devinrent bientôt des rivales.

Le succès de leurs prétentions devait encourager les clercs universitaires, & ils n'y manquèrent pas, à en renouveler sans cesse l'épreuve. En 1304, le prévôt P. Jumel fit pendre deux écoliers clercs, nonobstant l'appel interjeté par les deux accusés qui demandaient à être renvoyés devant le juge d'Église : le magistrat laïque, comme ses prédécesseurs, supportait avec peine les droits privilégiés de l'Université & se faisait un malin plaisir de les enfreindre. En tout cas il n'eut pas à se louer de son initiative. Toutes les Facultés cessèrent leurs leçons, résolues à ne les rouvrir qu'après avoir obtenu satisfaction dans des conditions qu'elles fixèrent elles-mêmes. De son côté le clergé parisien, s'étant donné rendez-vous à l'église Saint-Barthélemy, dans la Cité, se rendit de là, accompagné des fidèles, en procession, à la maison du prévôt, & tous jetèrent contre elle des pierres, en criant à haute voix : «Re-tire-toi, retire-toi, Satan maudit, reconnais ta méchanceté, & rends honneur à notre mère la Sainte Église que tu as déshonorée dans la mesure de ton pouvoir, & atteinte dans ses franchises. Sinon, puisses-tu être associé au sort de Dathan & d'Abiron, que la terre engloutit tout vivants!»

Le prévôt fut destitué par le roi, & con-damné à doter deux messes perpétuelles fon-dées pour le repos de l'âme de ses victimes;

certaines chroniques ajoutent même qu'il fut obligé, après les avoir descendues en personne du gibet, de les embrasser sur la bouche.

Charles VII, au milieu du xve siècle, confirma l'existence des nouvelles écoles. En même temps il repoussa la prétention de l'école parisienne à être immédiatement justiciable du roi, & la renvoya devant la juridiction commune, qui était celle du Parlement; c'était un premier coup. Le second lui vint bientôt du pape : par sa *bulle foudroyante,* Pie II s'éleva avec force contre le scandale des interdictions arbitraires, & autorisa, en cas de cessation des leçons, les religieux à suppléer les laïques pour la collation des grades.

A la fin du siècle, nouvelle restriction des privilèges universitaires, qui sont enfin replacés sur le terrain commun. L'Université gronda; l'*amplißime recteur* lança l'habituel mandement qui ordonnait l'interruption de toutes les leçons & prédications. Le roi, alors à Blois, fit assez mauvais visage aux députés de sa *fille aînée.* Il revint à Paris, traversa le territoire de l'Université à la tête d'une forte troupe en armes, la lance au poing, & alla droit au Palais. Dès son approche, les plus compromis avaient pris la fuite, les autres ne bougèrent plus.

Un incident qui, encore en 1557, se passa au Pré-aux-Clercs montre bien qu'à cette époque les abus des écoliers avaient comblé la mesure.

Disputant, depuis des siècles, à l'abbaye de Saint-Germain-des-Prés la possession de ce terrain où la jeunesse scolaire prenait ses ébats, ils se livraient contre certaines maisons, qu'ils estimaient bâties à tort sur leur terrain, à des attaques qui furent repoussées à coups d'arquebuses : des victimes tombèrent. L'Université prit feu &, durant plusieurs jours, entretint des troubles, détruisant ou incendiant des maisons, maltraitant le lieutenant civil & ses sergents. Le Parlement fit arrêter plusieurs écoliers dont l'un fut pendu, ordonna la fermeture des collèges à six heures du soir & la saisie de toutes les armes qui s'y trouvaient. Une députation de l'Université, au sein de laquelle se trouvaient Turnèbe & Ramus, alla trouver le roi jusqu'à La Fère pour présenter la défense des écoles. Le roi, d'abord porté aux mesures extrêmes, se relâcha de sa première rigueur, mais l'âge d'or du Pré-aux-Clercs &

surtout des privilèges universitaires était clos sans retour.

Débordante d'activité, encouragée par des succès continus durant la première période de son existence où elle avait donné à l'Église un pape, vingt cardinaux, cinquante archevêques & évêques, l'école parisienne touche, dès l'aurore du xvᵉ siècle, à la période de la décadence. L'indiscipline où la jette l'abus de ses privilèges, le sophisme & le fanatisme auxquels aboutit la dialectique faussée de ses régents la perdent. En 1410, un de ses docteurs les plus renommés, J. Petit, ne craignit pas de prononcer, dans une solennelle assemblée de ses collègues, l'apologie de l'assassinat du duc d'Orléans. Elle se perdit sans retour dans l'opinion publique par son adhésion servile à la domination anglaise & sa complicité dans la sentence de mort prononcée contre Jeanne d'Arc. Avec l'avènement de l'Imprimerie & de la Réforme, c'en était fait de la prépondérance intellectuelle qui avait fait son honneur & sa force pendant quatre siècles.

L'Université pourvue de sa charte constitutive, restait l'organisation intérieure. De bonne heure, nos écoliers s'étaient groupés, suivant les affinités de langue & d'intérêts, en Nations : *France* (France méridionale & sud de l'Europe), *Picardie* (France du nord & Pays-Bas), *Normandie, Angleterre*[1] (nord & est de l'Europe), qui formèrent ensemble la *Faculté des Arts.*

Dans les premiers temps, les écoles ne connaissaient que deux conditions : les maîtres d'un côté, les écoliers de l'autre. Quiconque se croyait de force à affronter le jugement public ouvrait école, la licence de l'Église une fois obtenue. Mais, dès le temps d'Abélard, ses adversaires lui reprochaient de s'être, de sa propre autorité, institué maître en théologie : il y avait donc déjà une hiérarchie naissante.

Au XIIIe siècle il y avait deux grades : celui de *bachelier,* auquel les étudiants aspiraient en premier lieu, puis celui de *maître.* L'étudiant qui avait suffisamment pâli sur son trivium s'exerçait à en exposer les diverses matières, à *déterminer* & à disputer en public ; une fois reçu,

[1] Remplacée au XVe siècle, & sous le coup des rancunes amassées durant la guerre de Cent ans, par l'Allemagne.

il était bachelier. Son titre lui conférait le droit de porter une chape ronde & d'assister aux messes des Nations. Puis il continuait à étudier. Une nouvelle étape franchie, il se trouvait en présence de l'Église, qui avait toujours tenu le droit d'enseigner pour une de ses attributions essentielles. Dès l'origine, elle avait conféré la *licence,* qui était alors moins un grade que la formalité requise pour en obtenir un, appelé la *maîtrise.*

Reçu par l'Église, le *licencié* revenait devant les maîtres de sa Faculté, qui lui conféraient en grande pompe le *bonnet,* insigne de son titre & de son nouveau grade de *maître ès arts.* Dans les *Facultés supérieures* [1], où l'on n'entrait le plus souvent qu'après avoir passé par celle des Arts, le dernier grade s'appelait spécialement *doctorat.*

Les épreuves nécessaires pour obtenir ces grades & leur collation étaient soumises à un certain cérémonial. Au jour fixé, le candidat invitait ses amis ou ses protecteurs : les plus hauts personnages ne dédaignaient pas de s'y

[1] Nous reviendrons sur ces dernières un peu plus loin.

rendre. En 1485, & plus d'une fois depuis, Charles VIII assista à ces examens & reçut de l'Université les présents d'usage : des gants de soie ou de peau & des bonnets d'écarlate. Les convocations se faisaient au moyen de billets ou pancartes portés à domicile par les bedeaux de l'Université. Après l'invention de l'imprimerie, ces billets atteignirent des dimensions exagérées & un luxe en rapport avec le rang ou la fortune du candidat : imprimés sur papier, peau de vélin ou étoffe de soie, ils s'appelaient *thèses,* parce qu'ils portaient les conclusions de l'argumentateur.

De bonne heure les *artiens,* ou étudiants des sept arts libéraux, s'étaient installés au pied de la montagne Sainte-Geneviève, près de la place Maubert. Au XIIIe siècle, leurs écoles occupaient surtout deux rues qui existent encore en partie : les rues du Clos-Bruneau, aujourd'hui Jean-de-Beauvais, & du Fouarre[1], cette dernière ainsi nommée, paraît-il, à cause de la paille ou de l'herbe dont, suivant la saison, les locaux étaient jonchés. Les étudiants s'y ac-

[1] Vieux mot français qui signifie *fourrage.*

croupissaient aux pieds de leurs maîtres[1],
qui, seuls, possédaient le privilège d'une petite
estrade avec un pupitre. Vers le commencement du xve siècle, on s'était risqué à installer
des bancs; mais le cardinal d'Estouteville, réformateur des écoles en 1452, réprima un luxe
aussi corrupteur. Qu'ils étaient humides &
sombres ces locaux dans lesquels, à défaut de
toute horloge, les auditeurs n'avaient, pour
régler l'emploi des heures, que la cloche des
églises voisines! C'est là, cependant, qu'af-
fluèrent, pendant plus de trois siècles, les écoliers de toute l'Europe; que vinrent s'accroupir,
à leur tour, Roger Bacon, Albert le Grand,
Pierre d'Espagne, Boccace, Pétrarque, Dante
enfin, qui, dans le ixe chant du Paradis, en a
célébré le souvenir : « Nel vico degli strami. »

Un moine anglo-normand de la fin du
xiie siècle, Jean de Hauteville, nous a laissé
dans son *Architrenius* une description médio-
crement flatteuse des écoliers de son temps
«à la tenue désordonnée, aux cheveux épars,

[1] Afin, dit expressément une bulle pontificale, de les
mieux former à l'humilité.

n'ayant d'autre souci que celui d'échapper à la faim qui ronge leur estomac, creuse leurs joues, fait pâlir leurs lèvres, entoure leurs yeux d'un cercle livide & remplace les lis & les roses de la jeunesse par un aspect terreux ». Le poëte n'oublie rien : après les mets grossiers cuits sous quelque auvent par une vieille en haillons, la marmite où nagent les pois, les fèves & autres légumes qui réservent aux consommateurs un bon mal de tête, c'est le travail acharné de ceux qui étudient bien avant dans la nuit, malgré le sommeil qui clôt leurs paupières, le mauvais lit sur lequel ils cherchent à reposer leurs membres fatigués, & les cauchemars qui troublent leurs nuits.

Qu'étudiaient ces jeunes artiens? Un peu de grammaire, à l'aide du vieux manuel de Donat, légué par l'antiquité; au XIIIe siècle, le Doctrinal prit sa place, rédigé en vers par un régent de l'école de Paris. Si peu préparé à sa tâche que fût Alexandre de Villedieu, son œuvre n'en resta pas moins en usage durant des siècles. Les humanistes italiens qui accompagnèrent Charles VIII à son retour en France, & les lettrés allemands n'eurent pas assez de sarcasmes pour ce latin de cuisine : *merdosa scripta, Alexandri gloßa cacabilis,* furent les compliments adressés au pauvre pédant monastique qui avait eu l'idée peu heureuse de se jeter dans la mêlée de la vie séculière. La Renaissance mit en vogue la grammaire de Despautère, indigeste fatras qui torturait encore au xviie siècle la cervelle du jeune Boileau, & ne fut détrôné que par la grammaire de Messieurs de Port-Royal. La rhétorique portait sur les grands classiques latins, agrémentés de commentateurs plus récents. La dialectique avait pour objets les écrits de saint Augustin & d'Aristote.

Une légère teinte des sciences du quadrivium complétait le programme. Sous l'inspiration d'un clergé qui enseignait la terreur du diable plus que le culte de la divinité, un code étrange de conceptions cosmologiques ou physiques avait pris place dans les esprits, tenant lieu de toute science positive. La nature entière, l'espace, la terre, les eaux, s'étaient peuplés d'une foule de puissances, legs fatal du paganisme, dont Dieu & le diable se partageaient l'empire : de là la croyance aux gnomes, lutins, fées, &c., aux influences directes des astres, dont la détermination créa les sciences occultes. De ce fatras surgirent pourtant quelques notions positives : l'astronomie, la science la plus ancienne, & mêlée d'astrologie, servait à l'Église à déterminer la fête mobile de Pâques, base de tout le calendrier liturgique; puis un peu de chronologie, comportant le calcul des différentes *ères du monde,* & celui de l'*ère chrétienne* ramenée dès le vi^e siècle à l'année de la naissance de J.-C.; un peu de calcul : jusqu'au viie siècle on comptait au moyen de cailloux, *calculi,* qui portaient les signes de la numération latine. Ce n'est qu'au xiie siècle qu'un voyageur italien, Fibonacci, introduisit en Occident la numération indoue qu'il avait reçue des Arabes; c'est à eux aussi que nous devons la géométrie & l'algèbre, cultivées depuis l'antiquité par les savants grecs & musulmans.

L'enseignement de la musique d'Église — on n'en saurait envisager d'autre — était à la fois théorique & pratique. Au viie siècle, saint Grégoire y accomplit une révolution qui a gardé son nom : il nous suffira de rappeler les nouveaux progrès dus, depuis le xie siècle, à

Gui d'Arezzo, inventeur du système des por-
tées. Au xiiie siècle, le plain-chant commença
à faire place à la musique mesurée.

Un document probablement unique en son
genre, & fort curieux par le jour qu'il jette,
mieux que toute explication, sur les matières
de l'enseignement & sur le niveau moyen de
l'instruction il y a quatre siècles, nous a été
conservé par le plus heureux des hasards & se
trouve aujourd'hui à la bibliothèque de la ville
de Paris. C'est un fort petit cahier, usé & sali,
qui contient, en une soixantaine de feuilles
d'une écriture rapide du xve ou du xvie siècle,
les notes singulièrement élémentaires & dans
leur diversité un peu décousues d'un écolier ès
arts de cette époque. De sèches & pédantesques
nomenclatures sont entremêlées de définitions
dans la forme d'un vocabulaire à la portée d'un
commençant de nos jours, le tout en latin.
L'opuscule débute par la liste des fleuves des
enfers, que suit l'énumération des sept arts libéraux : « Dicuntur artes liberales quia homine
digna (*sic*) sunt. » Puis viennent des définitions
conformes aux principes de la scolastique :
« Anima est triplex : rationalis, sensitiva, vege-

tativa ; homo habet has tres animas » ; des règles
de grammaire sur l'accord de l'adjectif, sur les
degrés de comparaison, la dérivation des verbes
composés, les conjugaisons, les adverbes de lieu,
le tout alternant sans grande méthode avec des
réminiscences de la mythologie & des citations
des poètes latins, même des maximes morales.

L'auteur est apparemment un Flamand ou
un Hollandais ; un grand nombre de mots,
même des phrases entières, sont accompagnés
de leur traduction en hollandais : baccalareus,
bekelaer; cubitus significat certam mensuram,
een ellenbogen; habere fidem, *betrouwen;* sacrilegus,
een kerkroover, &c.

Ce qui prête à notre document un piquant
particulier, ce sont les caricatures si frustes que
l'auteur, soit en interrompant pour un instant
ses notes écrites à la dictée, soit en les repassant
plus tard chez lui, a intercalées dans son texte.
La verve, même un peu gauche, des écoliers
pour « faire des bonshommes » reste la même
à travers les siècles, & les détails de mœurs
qu'elle fait passer sous nos yeux n'y puisent
que plus de saveur. Tels sont, pris entre beaucoup d'autres, Adam & Ève mangeant la

pomme, puis chassés du paradis terrestre ; plus
loin, un homme assis à table & cajolé par son
amie, ou encore une dizaine de personnages
dansant, en se tenant par la main, une sorte
de farandole ; ailleurs un tir à la cible ; enfin
un enfant, le fouet à la main, galopant sur
un cheval de bois, &c.

Le succès de ces écoles tenta les Domini-
cains & les Franciscains, qui venaient de se
fonder au milieu du XIIIe siècle ; quelle bonne
place à prendre, quel aliment à leur activité !
Et ils demandèrent leur admission. L'Université cependant veillait : résolue à ne partager
ses privilèges avec personne, elle se méfiait des
intrus. Elle fulmina un refus péremptoire, & il
ne fallut pas moins que la pression combinée
du pape & du roi pour en triompher à la
longue. Avec l'accession de ces deux ordres
mendiants aux écoles théologiques qui avaient
toujours subsisté autour du cloître de Notre-
Dame, c'était la *Faculté de Théologie* bien & dû-
ment créée ; le nouveau corps s'installa dans
le *collège de Sorbonne,* où il joua toujours, nous le
verrons plus loin, un rôle des plus importants,
jamais au service de la liberté & du progrès.

Son enseignement, qu'était-il donc? Il tenait
tout entier dans l'étude des Livres Saints tant
bien que mal interprétés, des Pères de l'Église,
de saint Thomas & des décisions des conciles.
Point culminant des études d'humanités & but
de celles de dialectique, c'était la carrière la
plus brillante, donc la plus recherchée, celle
qui conduisait aux charges de l'Église.

Dès le XIIe siècle, les écoles enseignaient
sous le nom de *Décret* les décisions des papes
& les canons des conciles : c'était le droit ecclésiastique, le seul que reconnût l'Église, parce
qu'il lui servait à défendre ses intérêts. Elle
eut grand'peine à accepter plus tard, con-
trainte par les exigences du temps, l'enseignement des lois civiles, c'est-à-dire le droit
romain, les lois barbares & les capitulaires des
rois francs. Le droit civil, transmis par l'Italie
héritière des grands maîtres de l'antiquité romaine, s'introduisit ainsi dans l'Université de
Paris à côté du droit ecclésiastique ; depuis
l'installation de la Faculté de Décret sur la
montagne Sainte-Geneviève, au Clos-Bruneau,
cet enseignement réussit bien à s'y maintenir,
mais en végétant. La Renaissance, qui devait

renouveler sur tant de points la face des notions humaines, ne le toucha pas, & il fallut toute l'autorité de Louis XIV pour lui donner une constitution régulière.

Moins heureux que leurs confrères des autres Facultés, les « mires » n'eurent longtemps aucun siège fixe : tout comme les « décrétistes », ils avaient à essuyer le mauvais vouloir de l'Église, leur ennemie commune. Depuis le XIIIᵉ siècle, l'enseignement de la médecine se donnait dans l'église Sainte-Geneviève-des-Ardents, à Notre-Dame autour des grands bénitiers de pierre établis sous les tours, puis aux Mathurins de la rue Saint-Jacques. C'était un misérable enseignement, au reste, & qui ne dépassait pas les connaissances de l'antiquité transmises par les Grecs & les Arabes en des traductions ou de sèches compilations. L'étude expérimentale des faits, de la nature, la réflexion critique répugnaient à la conception du moyen âge : l'empirisme & la routine en formaient le fond [1]. Les Arabes, par pré-

---

[1] L'adage fameux de la tradition scolastique : «Magister dixit, ergo verum est» (le maître l'a dit, donc c'est vrai), tenait lieu de tout argument.

jugé religieux, proscrivaient l'anatomie : les chrétiens firent de même. Le savant Dubois, au xvie siècle, fut le premier à professer, non sans succès, l'anatomie & à entreprendre quelques dissections. La chirurgie, vil «travail manuel», était dédaignée, on l'abandonnait aux barbiers. A la fin du xve siècle, la Faculté, qui venait de s'installer rue de la Bûcherie [1], sur les ruines d'une maison achetée aux Chartreux, ouvrit les premiers cours destinés aux barbiers & aux chirurgiens. Mais au xviie siècle encore & même plus tard, la médecine méritait le ridicule auquel l'avait vouée Molière : témoins les fameuses querelles de Renaudot, les luttes suscitées par l'introduction du quinquina, de l'antimoine, de l'opium, du mercure, de l'inoculation, la théorie de la circulation.

Chaque Faculté nommait son *doyen,* chaque Nation son *procureur :* ces quatre procureurs, à leur tour, avaient le privilège exclusif d'élire le *recteur,* nommé pour trois mois. Ce n'était pas

[1] Dans cette pauvre rue, qui longe encore aujourd'hui l'ancienne annexe de l'Hôtel-Dieu.

un personnage de mince importance, ce dignitaire qui marchait de pair avec l'évêque & le Parlement dans les cérémonies publiques. L'*amplißime* recteur jurait, à son entrée en charge, de l'exercer à l'honneur & au profit de l'Université. C'est lui qui délivrait aux maîtres & aux écoliers leurs certificats de scolarité; c'est de son autorité que relevaient les agents & fonctionnaires de tout ordre, les *suppôts* :

Le *syndic* ou *procureur,* administrateur de l'Université;

Le *trésorier,* le *greffier,* les doyens, les régents, les écoliers;

Les *grands meßagers,* bourgeois notables qui servaient à Paris de correspondants aux écoliers venus de tous pays. Accrédités par les familles, assermentés près l'Université, ils avançaient aux étudiants l'argent nécessaire à ceux-ci, & les secondaient en cas d'embarras;

Les *petits meßagers,* simples facteurs, qui étaient sans cesse en route, allant de Paris à l'extérieur & y revenant pour porter les hardes, lettres, &c., des écoliers ou de leurs familles. Ce fut en France l'origine de la poste aux lettres & des messageries, converties en service public par Louis XI & Louis XIV;

Les *bedeaux, sergents, maßiers* ou *appariteurs* au nombre de quatorze, deux par compagnie : ils faisaient un service de sûreté ou de cérémonie;

Enfin, les *libraires, parcheminiers, relieurs, écrivains, enlumineurs,* véritables fonctionnaires subalternes de l'Université, pourvoyant à ses besoins matériels, ses munitionnaires pour ainsi dire. Nées sous son patronage, ces industries, nécessaires à son existence, relevaient de son autorité. De très bonne heure, il y eut près des écoles des agents qui achetaient & revendaient à la jeunesse des livres & des cahiers écrits sous la dictée des régents. Les écrivains, relieurs & enlumineurs confectionnaient aussi des livres neufs. Et, dès cette époque lointaine, se joua la petite comédie qu'on a maintes fois revue depuis : plus d'un abusa des fonctions qui lui avaient été conférées, pour exploiter la pauvreté ou la dissipation de malheureux clients, au point que le recteur, scandalisé, dut intervenir pour fixer un tarif protecteur.

C'était un travail assez intense qu'imposaient les règlements universitaires. Dès l'heure de *prime* (six heures du matin), lorsque la première messe sonnait aux Carmes de la place Maubert, maîtres & écoliers devaient être debout. Le régent lisait [1] ou dictait, d'une voix encore mal assurée, — *submißa voce*, dit la glose d'un ancien statut — une première leçon; chaque cours durait environ une heure. Cette lecture, que le maître faisait lui-même ou faisait faire par un étudiant à ses camarades, réduisait son rôle à un simple acte de présence. Un règlement du xve siècle prohiba ces dictées, ordonnant aux maîtres de parler d'abondance. A midi venaient les *déterminances & disputations*. Vers la fin du jour, enfin, c'étaient des répétitions & conférences où les écoliers récitaient ou subissaient des interrogations.

Les disputations, puisque nous sommes venu à en parler, étaient l'exercice favori des maîtres comme des élèves, & finirent par faire de la classe un passe-temps fort supportable.

[1] De là le titre de *lecteur* qui s'est maintenu, notamment au Collège de France, jusqu'à la Révolution.

Écoutons ce qu'en dit Ch. Perrault, le charmant auteur des *Contes;* médiocre élève au collège de Beauvais dans les classes de grammaire, il fut un fort bon écolier en humanités & en philosophie. «Il me suffisoit souvent d'avoir attention à ce que le régent diƈtoit pour le savoir & n'avoir pas besoin de l'étudier ensuite. Je prenois tant de plaisir à disputer en classe, que j'aimois autant les jours où on y alloit que les jours de congé. La facilité que j'avois pour la dispute me faisoit parler à mon régent avec une liberté extraordinaire. Comme j'étois le plus jeune & un des plus forts de la classe, il avoit grande envie que je soutinsse une thèse à la fin des deux années; mais mon père & ma mère ne le trouvèrent pas à propos, à cause de la dépense où engage cette cérémonie. Le régent en eut tant de chagrin qu'il me fit taire, lorsque je voulus disputer contre ceux qui devoient soutenir des thèses. J'eus la hardiesse de lui dire que mes arguments étoient meilleurs que ceux des Hibernois[1] qu'il fai-

---

[1] Qui passaient pour de terribles disputeurs, & ferrés sur la métaphysique.

soit venir parce qu'ils étoient neufs, & que les leurs étoient vieux & tout usés. J'ajoutois que je ne lui ferois pas excuse de parler ainsi, parce que je ne savois que ce qu'il m'avoit montré. Il m'ordonna deux fois de me taire; sur quoi je lui dis en me levant que, puisqu'il ne me faisoit plus dire ma leçon, qu'on ne disputoit plus contre moi & qu'il m'étoit défendu de disputer contre les autres, je n'avois plus que faire de venir en classe. En disant ces mots, je lui fis la révérence, & à tous les écoliers, & sortis de la classe.» (*Mémoires* de Ch. PERRAULT, Avignon, 1759.)

Ce règlement, appliqué surtout à l'enseignement élémentaire, passa de bonne heure dans les collèges, lorsqu'ils s'ouvrirent. Leur développement porta aux écoles de la rue du Fouarre, dès les premières années du xve siècle, un coup dont elles ne se relevèrent plus; au reste, l'enseignement des arts y avait sensiblement décliné, & les troubles civils du xvie siècle l'arrêtèrent définitivement.

Une jeunesse si assidue à l'étude avait besoin de distractions : on peut être sûr qu'elle ne s'en privait pas. Dès lors, comme de nos jours, Paris offrait aux adeptes du plaisir, de la dissipation même, des ressources variées contre lesquelles nous voyons un abbé du XIIe siècle chercher à prémunir un jeune clerc près de débuter dans ses études. «O Paris! fait-il dans une lettre que nous a conservée Du Boulay, l'historien de l'Université, quel piège rempli de vices & de dangers, quel trait de l'enfer destiné à percer l'âme des gens dépourvus de sens!» On ne saurait nier qu'à une époque où il existait à peine quelque trace de police, où les mœurs étaient encore d'une grossièreté singulière, cette population d'étudiants, composée de jeunes gens dans la force de l'âge [1], aux habitudes violentes & indisciplinées, devait constituer, pour la bourgeoisie paisible, un voisinage souvent bien embarrassant. Le cardinal Jacques de Vitry qui, aux alentours de l'an 1200, avait été des leurs, nous en fait un portrait peu flatteur. C'étaient tantôt des coteries littéraires & des rivalités d'écoles, tantôt des motifs d'ordre beaucoup plus terre

[1] Au XIIIe siècle, nul ne pouvait recevoir la licence ès arts avant l'âge de vingt & un ans, & en théologie, avant l'âge de trente-cinq ans.

à terre, nés d'un penchant naturel au désordre, dont leurs privilèges leur assuraient
l'impunité, qui provoquaient des rixes & des
séditions. — « Paris, ajoute-t-il, est la source
d'eau vive qui arrose toute la surface de la
terre, mais il est aussi, dans le monde des
écoliers, une brebis galeuse dont la corruption
incomparable gagne tous ceux qui l'approc-
chent. Dans la même maison vous trouvez en
haut des écoles, en bas des lieux de débauche.
Qu'un étudiant soit prodigue & déréglé, tous
ses camarades vanteront sa noblesse de caractère & sa libéralité; qu'un autre s'applique à
mener une vie sage & honnête, on le traite
d'avare & d'hypocrite. »

Déjà les qualifications communément ap-
pliquées aux différentes races qu'ils représen-
taient témoignaient des vices & des passions
qui bouillonnaient au milieu d'eux : les Anglais passaient pour être *buveurs & couards;*
les Français, *orgueilleux, sensuels & portés vers
les femmes;* les Allemands, *irascibles & goinfres*
dans leurs repas; les Normands, *charlatans &
glorieux;* les Poitevins, *traîtres & adulateurs;* les
Bourguignons, *brutes & stupides;* les Bretons,

légers & médisants; les Lombards, *avares, lâches*
& perfides; les Romains, *tumultueux & violents;*
les Flamands, *sanguinaires & incendiaires.* L'évêque
de Paris, en 1269, reproche aux écoliers «que
de jour & de nuit ils blessent grièvement
ou tuent une foule de personnes, ravissent les
femmes, déshonorent les filles, saccagent les maisons, & commettent une foule d'autres vols
& violences énormes qui déplaisent à Dieu,
& cela sans fin ni trêve».

Combien ces griefs étaient justifiés, c'est ce
que prouve l'aventure des Barbistes qui, encore
au xviᵉ siècle, se firent frotter les côtes par
les gardes champêtres du bourg Saint-Marcel,
où ils avaient saccagé les vignes garnissant les
coteaux de la Bièvre. Il y eut bataille rangée
entre les écoliers & les gens du faubourg
accourus pour la sauvegarde de leurs raisins.
« De mon temps, dit Polygame, il en alla bien
aultrement lorsque ce tres docte grammairien
Turnebus lisoit au college Saincte Barbe le
troisiesme livre de Quintilien; car une bande
& compaignie de bonnetiers du faulxbourc
Sainct Marceau, joincts & adherez à ces beaulx
messiers & gardeurs de vignes, nous ayant

empoignez & pris sur le faiĉt, prenans & pillans comme estourneaulx des raisins oultre ce que l'Escriture sainĉte en permet (qui est honnestement & discrettement), nous y battirent & frotterent tres bien nos espaules, quelques remonstrances que sceussions alléguer, que, par nos chartres & tiltres estans aulx Mathurins, tous les vignobles & pays adjacens de Vauvert feussent à nous & propres à l'Université. Jamais à la bataille de Cerisolles, où je fus soubs la charge du capitainne La Mole, ne feurent trouvez tant de corseletz, harquebuses, piques, morions & hallebardes des Imperiaux esparses çà & là, comme l'on veist, à ceste grosse rencontre de vendanges, de *Térences,* de *De octo partibus,* de *Peliſſons,* de *Pro Milone,* de *Bucoliques* de Virgile & escritoires la delaissés à ce chauld alarme. Mais devant le mois estre passe, l'Université, toutes les chambres assemblées, avec bastons ferrez & non ferrez, soustenue d'un regiment d'imprimeurs tous haults à la main, se jeĉta sans aultre recongnoissance sur ces maistres bonnetiers & associez qui, renversez & rendus fugitifs, eurent tous leurs oustilz, chauldieres, brosches & aultres instru-

menz cassez, brisez & abattus; qui a donné
occasion aulx chapeliers de se faire subroger au
droiĉt des bonnetz, l'usage desquelz est bien
endommagé.» (EUTRAPEL, *Conte des escholiers
& des meßiers.*)

La galanterie vénale pullulait sur le territoire de l'Université. La Cité, le Val de Gla-
tigny &, de proche en proche, tout le quartier
des écoles en étaient infestés; on la retrouvait
jusque dans la demeure même des maîtres; «si
bien, remarque un contemporain, que, sous le
même toit & séparées par un simple plancher,
les graves disputations de la science se croisent
avec le dialogue & les criailleries des mauvais lieux». Le speĉtacle de ces mœurs subsista
aussi longtemps que les leçons de la rue du
Fouarre, mais, dès 1358, l'Université pria le
dauphin-régent de protéger ses écoles. On avait
apparemment réussi, à ce moment, à les délivrer
du voisinage crapuleux que Jacques de Vitry
avait signalé au siècle précédent : la réponse du
dauphin établit que la rue du Fouarre était
désormais réservée aux maîtres & aux écoliers.
Il semble, cependant, que les expulsés se ven-
gèrent sur l'Université : ils remplissaient la rue

d'immondices, «immunditias & fecosa por-
tando», s'introduisaient dans les salles de
leçons & souillaient la chaire des maîtres ainsi
que la paille de l'auditoire. Les écoliers trouvaient, le matin, à leur arrivée, des ordures
telles, «tam enormia, turpia ac fetida repe-
rientes», que les classes étaient inabordables.
Le jeune régent autorisa l'Université à établir
aux deux extrémités de la rue du Fouarre des
portes qui seraient fermées chaque soir, à la fin
des leçons.

Chaque Nation, chaque Faculté avait un
ou plusieurs *patrons* qu'elle fêtait régulièrement
par des solennités religieuses, suivies de ré-
jouissances d'un ordre beaucoup plus matériel.
C'étaient à tout instant, & sous tous les pré-
textes religieux ou scolaires, festins, rasades,
déguisements, bals, cavalcades. En 1275, un
statut de la Faculté des Arts décida qu'en dehors d'un seul patron pour chaque compagnie
la Faculté ne célébrerait plus que deux rafraî-
chissements, *potationes,* l'une au début, l'autre
à la fin de la *déterminance,* plus la Sainte-Catherine & la Saint-Nicolas, fêtes des clercs & de
la jeunesse. Quant à Charlemagne, qui était,

depuis le XIVe siècle au moins, le patron de la Nation d'Allemagne, il devint, en 1480, celui de l'Université entière, &, en 1661, la fête de Saint-Charlemagne fut ratifiée par le tribunal de l'Université.

Il était deux endroits surtout que les écoliers parisiens avaient choisis avec prédilection pour y jeter leur gourme. L'un était la foire du *Lendit.* D'abord pèlerinage institué au XIIe siècle pour honorer des reliques de la Vraie Croix, puis foire au parchemin ; cette fête, qui se tenait dans la plaine de Saint-Denis le 12 juin, lendemain de la Saint-Barnabé, était une solennité importante pour les écoles & pour toute la population parisienne. Un opuscule en vers de huit petits feuillets, & qui débute par un prologue en prose, nous a fort heureusement été conservé : imprimé à Paris vers 1530 sans date ni frontispice, sans doute pour être vendu sur le lieu même de la fête, il nous donne une description fort animée de ce qui s'y passait alors. Ce jour-là toutes les écoles chômaient, car tous y prenaient part. Le matin, dès la première heure, la jeunesse scolaire en costume de fête se réunissait sur les hauteurs de Sainte-

Geneviève. En tête le recteur, vêtu de sa chape rouge & coiffé du bonnet rectoral, montait une mule ou une haquenée; précédé de deux massiers, entouré des doyens, procureurs & suppôts, il s'acheminait vers Saint-Denis. A sa suite les écoliers, rangés en bon ordre, sous la conduite de leurs régents & groupés par Nations, avec tambours & bannières, traversaient en cortège la ville, au milieu des bourgeois, qui se mettaient aux fenêtres & «s'esbahissoient» à ce spectacle. Sur le champ de foire le recteur visitait les boutiques des parcheminiers pour y prélever, avant tous autres acheteurs, la provision de parchemin nécessaire pendant un an à l'Université, & recevoir des marchands une gratification qui monta parfois jusqu'à cent écus[1]. Pendant ce temps, la jeunesse se répandait en bandes joyeuses dans les tavernes & autres lieux de divertissement,

[1] D'après Juvénal des Ursins, l'Université fit, en 1412, une procession à l'occasion des malheurs de la guerre; le cortège avait une telle étendue que la tête de la procession entrait dans la ville de Saint-Denis alors que le recteur n'avait pas encore quitté les Mathurins de la rue Saint-Jacques.

taquinant marchands & bourgeois. De leur côté, les régents entraient dans la ville où le chapitre recevait leur visite & leur offrait du vin.

La fête, du reste, était la bienvenue pour eux à un autre point de vue encore : «c'était le jour où les écoliers reconnaissaient les soins de leurs maîtres par un honoraire, cinq ou six écus d'or qu'ils présentaient dans une bourse, un gobelet de cristal ou dans un citron, au son des instruments».

C'était, en second lieu, le *Pré-aux-Clercs* qui s'étendait sur une partie de l'espace occupé aujourd'hui par le faubourg Saint-Germain. Depuis un temps immémorial, c'était le domaine des écoles, autrefois disputé en de sanglantes rencontres à l'abbé de Saint-Germain-des-Prés, depuis la fin du XIIIe siècle le champ favori de leurs ébats & de leurs promenades. Aux XVe & XVIe siècles, le Pré-aux-Clercs devint à la mode; le matin à peu près désert, il était le lieu de rencontre des duellistes qui avaient à en découdre; dans l'après-midi & le soir, c'était la promenade où grands seigneurs, officiers & belles dames ne dédaignaient pas de venir se mêler à la jeunesse des écoles. Et, comme le chante l'opéra-comique d'Hérold,

Les rendez-vous de noble compagnie
Se donnaient tous dans ce charmant séjour.

On connaît les cérémonies burlesques & grossières de la Fête des Fous, de l'Âne, des Innocents. Il fallut un long temps pour que le progrès des mœurs & des institutions suggérât des divertissements plus choisis : les représentations théâtrales dans les locaux annexes de l'Université, les excursions collectives à Notre-Dame-des-Vignes ou à Notre-Dame-des-Champs; la fête du Mai qu'on plantait chaque année devant la porte du recteur. Les *Nouvelles* de la reine de Navarre & les *Joyeux Devis* de B. Despériers nous ont conservé le souvenir de ces mœurs insubordonnées qui, jusqu'au XVIe siècle, furent celles de tapageurs nocturnes, toujours prêts à rosser le guet ou à « jeter les sergents en Seine ».

La suppression de la *fête du Roi des Fous* fut une heureuse réforme, que nous devons à l'initiative de Louis XI. A certaines grandes fêtes, la Saint-Martin, la Sainte-Catherine, la

Saint-Nicolas, l'Épiphanie, les écoliers se livraient, en ville, à des mascarades. En pareil cas, les portes des collèges, toujours si soigneusement closes sous l'œil des portiers, restaient ouvertes, & les écoliers, libres de leur personne, sortaient couverts de guenilles, de vêtements retournés, & se réunissaient dans une salle où ils nommaient un *Roi des Fous*. En 1469, les orgies, dont la plupart du temps elle était l'occasion, aboutirent à une querelle sanglante : le *tribart,* ou bâton ferré, fit mainte victime. Le pouvoir s'émut &, sur son intervention, le recteur convoqua aux Mathurins les Nations, qui décidèrent d'interdire les déguisements & de fermer les collèges le jour des Rois : tout écolier rencontré en public sous un déguisement devait être, sans plus, abandonné à la justice du prévôt. Les écoliers cherchèrent à se dédommager en célébrant dans l'intérieur des collèges la *fête du Roi de la Fève,* accompagnée de la représentation de farces & de soties qui servaient de prétexte aux travestissements.

Le Parlement ne se montra pas plus favorable à ces nouvelles distractions : de nouveau, le recteur arrêta ces représentations. La Nation d'Allemagne adopta une délibération en vertu de laquelle aucune pièce ne devait être jouée dans les collèges sans avoir été d'abord *examinée* avec soin par les principaux ou régents pour éviter les personnalités inconvenantes. Quelques années plus tard, ces divertissements ne furent plus tolérés qu'à l'Épiphanie, la veille au soir, & le jour même après vêpres; le lendemain, les leçons devaient reprendre leur cours ordinaire. Les comédies seraient jouées dans l'intérieur des collèges & examinées avec soin, « afin qu'il n'y reste ni trait mordant & satirique, ni rien de deshonnête qui puisse offenser un homme de bien». A cette défense s'ajoutait la menace contre les délinquants de peines sévères, du fouet, administré au coupable par quatre régents, en présence de tous les camarades réunis au son de la cloche, du recteur & des quatre procureurs. Ceux qui se soustrayaient au châtiment par la fuite étaient exclus de l'Université.

Ces ordres n'eurent pas, à ce qu'il semble, toute l'efficacité désirée, car, en 1515, après Pavie, il fallut les renouveler. « Le Parlement, ayant mandé les principaux des collèges de Navarre, des Bons-Enfants, de La Marche, du

Cardinal-Lemoine, d'Harcourt, &c., leur fit
défense de jouer ou permettre de jouer en leurs
collèges aucunes farces, sottises ou autres jeux
contre l'honneur du roi, de la reine, de la
duchesse d'Angoulême, mère du roi, des
princes & seigneurs de son sang, sous peine de
punition. » (Félibien, *Histoire de la ville de Paris,*
II, 728.)

Voilà donc les mœurs des écoliers; qu'é-
taient celles des régents? En 1444, Æneas
Sylvius Piccolomini (le pape Pie II), l'un des
hommes les plus spirituels de son siècle, écrivait : «J'ai connu la plupart des hommes de
lettres de mon temps, qui étaient pleins
de science, mais n'avaient rien de civil & n'entendaient absolument rien au maniement des
affaires les plus simples. Gomicius de Milan
se crut en état de grossesse & sur le point d'accoucher, *quia se uxor ascendit.»* Ces traits de
caricatures ne sont pas particuliers au moyen
âge; sous une forme peu différente, ils se re-
nouvellent de siècle en siècle. Les écrits des
grands savants de la Renaissance sont émaillés
d'invectives grossières qu'ils s'adressent entre
eux à propos de divergences littéraires. Sca-

liger & le jésuite Petau se traitaient mutuellement d'«âne, chien, porc, Léviathan, bête stupide & immonde». Les controverses religieuses aigrirent cette brutalité jusqu'à la rage. Ramus, ce beau génie philosophique & un précurseur des temps modernes, fut assassiné pendant la Saint-Barthélemy, victime d'une rancune d'école en même temps que d'église. Au XVIIe siècle, G. Naudé nous montre les gens de lettres de son temps «nourris dans les collèges, *in umbra,* parmi les morts, vivant comme les hiboux au milieu de leurs retraites, & craignant d'affronter le grand jour & les insolences des laquais». Molière, à quelques années de là, n'eut qu'à regarder autour de lui pour tracer d'après nature les personnages de Trissotin, Vadius & Th. Diafoirus. Le *cuistre* & le *pédant* sont des types engendrés par les mœurs générales du moyen âge : espèces de phénomènes intellectuels & moraux qui dérivent, semble-t-il, de deux causes. La première fut la pauvreté des maîtres & le genre de vie auquel elle les condamnait. Notre ancienne Université, organisée dans un esprit particulièrement fiscal, avait dans ses contributions scolaires, dans le revenu du Pré-aux Clercs, les taxes prélevées sur le parchemin, la police de la librairie, les postes & messageries dont elle jouit pendant des siècles, des revenus suffisants pour faire vivre un État; entre ses mains ils restèrent toujours stériles. N'ayant aucune idée de sage administration, elle ne savait pas économiser & constituer des réserves. Les maîtres consommaient au cabaret l'argent à mesure qu'ils le touchaient : cela ressort, à chaque page, des registres d'archives. Conséquence fatale : l'institution resta toujours dans la misère, & les maîtres avec leurs mœurs vulgaires & sordides. La seconde cause fut la loi du célibat que l'Université, de par son origine ecclésiastique, imposait à ses suppôts, les privant systématiquement de cet affinement de manières & de pensée que la communauté de vie avec la femme peut seule donner. C'est en 1452 que les statuts de la faculté de médecine dispensèrent enfin ses maîtres du célibat; les docteurs en droit ne le furent qu'en 1600; les régents ès arts, jamais.

On voit combien cette jeunesse, turbulente

aussi longtemps qu'elle était livrée à elle-même, pouvait créer de dangers pour la paix publique.

De bonne heure, des dignitaires de l'État, de grands seigneurs ecclésiastiques, de riches bourgeois songèrent à créer une institution capable d'apporter une sourdine à ses excès en même temps qu'à pourvoir aux besoins matériels & au bien-être (on verra plus loin de quoi il se composait) des étudiants. Ainsi s'ouvrirent les *collèges,* sortes de maisons de charité ou d'hôtels meublés, fondés & dotés par de riches particuliers; de pauvres écoliers y étaient hébergés, grâce à des *bourses* d'entretien, sous les auspices de la religion, avec la faculté d'étudier. Rien de plus digne d'intérêt, au point de vue national, que ces différentes maisons, destinées l'une après l'autre aux nouveaux venus de quelque province, qui les rapprochaient d'autres provinciaux, hier encore presque des étrangers pour eux, &, dans ce contact, cet échange d'idées & de sympathie, contribuaient, pour leur part, à l'œuvre si péniblement acquise de l'unité nationale. Rien aussi de piteux comme ces maisons de torture ou un principal, assisté de quelques maîtres, endoctrinait, morigénait & fustigeait douze à quinze écoliers avec lesquels il partageait une vie famélique & souffreteuse, n'ayant parfois que quelques sous par semaine pour subsister, & contraint avec sa troupe d'invoquer la charité publique.

Ainsi faisaient les écoliers du *collège des Bons-Enfants,* rue Saint-Honoré : Guillaume de Villeneuve, dans son *Dit des Crieries de Paris,* nous les montre, au XIVe siècle, errant dans les rues de la Cité, où ils venaient chaque jour mendier leur subsistance :

> *Les Bons Enfants orrez* [1] *crier :*
> *Du pain ! n'es veuil* [2] *pas oublier.*

Du reste, le progrès de l'ordre dans la rue finit par devenir incompatible avec ces tournées vagabondes &, au XVIe siècle, la royauté les supprima brusquement. « Le jeudy vingt-

[1] Vous entendrez...

[2] Veuillez ne les... — Il est à remarquer que cette mendicité, mise à la mode déjà par les ordres mendiants, & si conforme aux vues ascétiques du moyen âge, n'emportait aucun caractère humiliant pour l'écolier.

cinquiesme de mars, lisons-nous sous la date de 1535, dans le *Journal d'un bourgeois de Paris,* fut cryé de par le Roy en la Cour de Parlement que tous pauvres escoliers & indigens, non aians de quoi vivre & soy entretenir aux escolles, vuydassent la ville de Paris, & leur fut faitte deffense, sur peine de la hart, de non plus chanter doresnavant devant les ymages des rues aulcuns salutz, de peur qu'ils ne s'habituassent, par ce moyen, à coquiner & bélistrer, & aussi pour ce qu'ils demandoient l'aumosne, après avoir chanté leur salut. »

En dehors des offrandes & dons que leur procurait la mendicité sur la voie publique, les écoliers du collège des Bons-Enfants Saint-Victor trouvaient dans le rôle de figurants rétribués aux enterrements des ressources qui n'étaient point à dédaigner : dernière trace, peut-être, de l'usage des pleureurs à gages de l'antiquité, & qui s'est perpétuée jusqu'à nos jours dans certaines confréries analogues de l'Espagne. Tel document, conservé aux Archives nationales, établit qu'au XIVe siècle, en 1323, les salaires alloués aux Bons-Enfants qui avaient suivi les cortèges funèbres contribuèrent pour une bonne part à l'entretien de la maison.

Le plus célèbre de ces établissements, & le premier ouvert à des laïques, dut son nom & son origine à la libéralité d'un clerc, Robert de Sorbon, chapelain de saint Louis; le bon roi, désireux de contribuer à l'œuvre pieuse, donna, à cet effet, une maison avec les étables contiguës, *rue Coupe-Gueule devant le palais des Thermes.* Le collège était destiné à de pauvres écoliers qui, une fois devenus gradués ès arts, abordaient l'étude de la théologie. Et la maison prospéra : dès l'année 1292, elle possédait pour l'usage des écoliers une bibliothèque de mille dix-sept volumes, fait presque inouï à cette époque & pour une maison particulière. Agrandie par Richelieu, la Sorbonne devint le siège de la faculté de théologie.

Près de quatre-vingts maisons analogues se fondèrent du XIIe au XVIIe siècle sur tout le territoire de l'Université qui s'étendait le long de la Seine, du Pont de la Tournelle au Pont des Arts.

Quelle pittoresque échappée nous pourrions faire dans le vif de l'histoire pédante & des chroniques scolaires, en nous reportant par la pensée au temps où les *martinets* [1] & les régents de collèges venaient s'y prendre de rude parole avec les harengères qui y tenaient leur étal; si, gravissant les pentes de l'illustre montagne, nous visitions au passage tous les lieux où s'évertua la scolastique. Nous pourrions, par l'imagination, évoquer ces pensionnaires à l'air minable sous le pauvre costume que leur prescrivaient les règlements. Car ils étaient bien pourvus non seulement du vivre & du couvert, mais de règlements, de statuts & autres prescriptions qui les enserraient comme un corset de fer, intervenant dans chaque circonstance de la vie & ne laissant plus le moindre jeu à l'initiative individuelle. L'écolier devait, lorsqu'il se montrait en public, s'habiller d'une robe longue, fermée & flottante, avec un chaperon à courte cornette & des souliers courts; pas d'habits courts, étroits, serrés à la taille, pas de chaperons à bourrelet, à pointe, à *farcitures,* pas de ces souliers longs à pointe re-

---

[1] Ecoliers qui suivaient les leçons données dans l'intérieur des collèges sans y demeurer, *externes libres.*

courbée que les élégants du xv° siècle portaient sous le nom de chaussures *à la poulaine*. Pour les gradués, une chape ronde & noire, longue jusqu'aux talons, «du moins lorsqu'elle est neuve»; défense de porter sous la chape des souliers lacés ni à la poulaine. Les docteurs seuls avaient droit au bonnet & à la *mozette,* sorte de capuce doublé d'hermine.

Nous venons de faire allusion aux querelles homériques qui éclataient parfois entre les écoliers ou leurs régents & les marchandes en plein vent du Petit-Pont. Despériers, le savoureux conteur, dans une nouvelle [1] qui semble bien prise sur le vif, nous ouvre un jour curieux sur les mœurs scolaires de son temps : elle mérite, à ce titre, de trouver sa place ici.

« Un martinet s'en alla, un jour de carême, sus le Petit-Pont, & s'adressa à une harengère pour marchander de la moulue (morue); mais de ce qu'elle lui fit deux liards, il n'en offrit qu'un, dont cette harangère se fâcha, & l'appelle *injure* (lui dit des injures), en lui disant :

[1] Voir B. DESPÉRIERS, *Contes & joyeux devis,* nouvelle LXV : *Du régent qui combattit une harangère du Petit-Pont à belles injures.*

« Va, va, Joannes, porte ton liard aux tripes!»
Ce martinet, se voyant ainsi outragé en sa présence, la menace de le dire à son régent. « Eh!
« va, marmiton, dit-elle, va le lui dire, & que
« je te revoie ici, toi & lui ! » Ce martinet ne
faillit pas à s'en aller tout droit à son régent,
qui étoit bon fripon (déluré), & lui dit : « *Per*
« *diem, domine,* il y a la plus fausse vieille sur le
« Petit-Pont; je voulois acheter de la moulue,
« elle m'a appelé *Joannes.* — Et qui est-elle ? dit
« le régent. La me montreras-tu bien ? — *Ita,*
« *domine,* dit l'écolier. Et encore m'a-t-elle dit
« que si vous y alliez, qu'elle vous renvoirait
« bien. — Laisse faire, dit le régent; *per dies,*
« elle en aura. » Ce régent se pensa bien que
pour aller vers une telle dame, qu'il ne falloit
pas être dépourvu, & que la meilleure provision qu'il pouvoit faire, c'étoient de belles &
gentilles injures. Et en peu de temps il donna
ordre d'amasser toutes les injures dont il se put
adviser, y employant encore ses compagnons,
lesquels en composèrent tant, en chopinant,
qu'il leur sembla qu'il en avoit assez. Ce régent
en fit deux rôlets (listes), & en étudia un par
cœur; l'autre, il le mit en sa manche pour le se-

courir au besoin si le premier lui failloit. Quand
il eut bien étudié ses injures, il appela ce martinet pour le venir conduire jusques au Petit-
Pont, & lui montrer cette harengère; & print
encore quelques autres galochers avec lui, lesquels, *in primis & ante omnia,* il mena boire à la
Mule. Et quand ils eurent bien chopiné, ils
s'en vont. Ils ne furent pas sitôt sur le Petit-
Pont que la harengère ne reconnut bien ce
martinet; & quand elle les vit ainsi en troupe,
elle connut à qui ils en vouloient. « Ah! vois
« les là, dit-elle, vois les là, les gourmands;
« l'école est effondrée. » Le régent s'approche
d'elle & lui vient heurter le baquet où elle
tenoit ses harengs, en disant : « Hé, que faut-il
« à cette vieille damnée? — Oh! le clerice!
« dit la vieille; es-tu venu assez tôt pour te
« prendre à moi ? — Qui m'a baillé cette
« vieille maquerelle? dit le régent. Par la
« lumière, c'est à toi, voirement, à qui j'en
« veux. ». En disant cela, il se plante devant
elle, comme voulant escrimer à beaux coups
de langue. La harangère, se voyant défiée :
« Merci Dieu! tu en veux donc avoir, magister
« crotté? Allons, allons, par ordre, gros bau-

« det, & tu verras comment je t'accoutrerai.
« Parle, c'est à toi. — Allez, vieille sempiter-
« neuse ! dit le régent. — Va, ruffien ! —
« Allez, vilaine ! — Va, maraud ! » Incon-
tinent qu'ils furent en train, je m'en vins, car
j'avois affaire ailleurs; mais j'ai ouï dire que
les deux personnages s'entredirent chacun une
centaine de bonnes & fortes injures d'arrache-
pied. Mais à la fin le régent, étant au bout de
son premier rôlet, va tirer l'autre de sa manche,
lequel il ne savoit pas par cœur; & se va mettre
à lire ce qui étoit dedans, qui étaient injures
collégiales. Mais la harangère le va inter-
rompre, disant : « Ha ! merci Dieu ! tu ne sais
« plus où tu en es. Parle bon françois, je te
« répondrai bien, grand niais, parle bon fran-
« çois. Ah ! tu apportes un rôlet ! Va étudier,
« maître Jean ! Va, tu ne sais pas ta leçon. »
Et la déesse, comme à un chien abboie, &
toutes ces harangères se mettent à crier sur lui,
& le pressent tellement qu'il n'eut rien meilleur
que se sauver de vitesse; car il eût été accablé,
le pauvre homme. »

Sans nous arrêter au collège *du cardinal Le-
moine,* dont une rue, au début du XIXe siècle, a

emporté les restes cinquante ans après la mort de Lhomond, son dernier professeur, nous nous hâterons vers le sommet pour en redescendre par la large brèche qu'a faite dans le pays des écoles la rue qui les effaça & pourtant leur dut son nom.

Les souvenirs abondent ici; derrière les bâtiments de cette Sorbonne, tout d'abord si hospitalière à l'imprimerie, se trouvait l'atelier de Gering, le premier typographe parisien; il s'en vint mourir en 1504 dans la rue de Sorbonne, laissant une partie de son bien au vieux collège de Robert de Sorbon, l'autre à la jeune & sévère école des *capettes* de Montaigu, dont maître Grognet avait naguère inauguré la fondation par ces rimes :

J'ai vu Standon qui les povres fonda
A Montaigu & les recommanda,
Qui chaque jour prient pour les trespaßez
Et pour nous tous, quand nous serons paßés.

Faut-il regretter les collèges de *Séez* & de *Narbonne,* qui ont disparu tous vers le milieu du xixᵉ siècle avec une partie de la rue de la Harpe? Rebâtis environ cent ans plus tôt, ils

ne se distinguaient en rien des maisons voisines. N'eût été l'écusson de pierre portant en
lettres d'or ce mot *collegium,* devant lequel s'ex-
tasiait le Lubin de Molière, rien n'eût annoncé
leur auguste destination. A moins d'avoir été
accaparés pour devenir des établissements publics, comme le collège *des Cholets*[1] dont le
gouvernement s'était réservé l'usage jusqu'au
jour où la nouvelle Bibliothèque Sainte-Geneviève envahit son emplacement; comme le
collège de *Laon,* dans la rue de la Montagne-
Sainte-Geneviève, où furent conservées quelque temps les archives du Trésor; comme celui
de *Lisieux,* dans la rue Jean-de-Beauvais, devenu d'abord une caserne avant de disparaître;
la plupart de ces vieux pensionnats scolastiques
tombèrent au rang de méchantes auberges. Le
collège de *Dainville,* dont la cour conserva longtemps de précieux restes d'architecture, n'eut

[1] Fondé par testament du cardinal Cholet, il datait
de 1292. C'est là que «Buridan sauvé des eaux comme
Moïse» soutint, un jour durant, qu'il est licite de tuer
une reine de France. En 1764, le collège des Cholets,
avec vingt-sept autres qui, faute de ressources, ne pouvaient plus subsister, fut réuni au collège Louis-le-Grand,
devenu le siège de l'Université.

pas un meilleur sort le jour où les études s'en virent exilées.

Nous venons de nommer la rue Jean-de-Beauvais, qui portait alors le nom du Clos-Bruneau. C'est dans cette rue même que l'évê-que Jean de Beauvais fonda vers 1365, sur un large emplacement, le collège de *Beauvais* pour vingt-quatre écoliers originaires de Dormans, au diocèse de Soissons. Contigu au collège de *Reims,* il entretenait avec son voisin les plus étroites relations, & tous deux finirent par se fondre en un seul à la fin du XVIe siècle. Cette fusion, malheureusement, ne profita ni aux études ni à la discipline; les deux maisons communiquaient par des portes intérieures qui offraient aux étudiants une issue pour s'échapper & tromper la surveillance. Au XVIIIe siècle, Rollin, nommé principal de Beauvais, rendit à son collège une existence propre & une partie de son ancienne prospérité. Les deux institutions voisines eurent au XVIe siècle deux écoliers célèbres dans l'histoire des lettres françaises : *Étienne Jodelle* & *Jacques Grévin,* précurseurs de Molière & de Corneille comme fondateurs de la comédie & de la tragédie nationales. Très oubliés, à tort, aujourd'hui, ils avaient trouvé par anticipation dans Ronsard un vengeur qui rendit hommage à Jodelle dans ces vers :

Jodelle le premier, d'une plainte hardie
Françoisement chanta la grecque tragédie,
Puis, en changeant de ton, chanta devant nos rois
La jeune comédie en langage françois.

Ailleurs, c'est Grévin que le chef de la Pléiade loue en termes non moins élogieux, & le parti des lettres françaises ratifia son jugement. En 1552, enfin, le roi Henri II vint au collège de Reims assister à la représentation des premières œuvres dramatiques de Jodelle, écolier de la veille. On jouait l'*Eugène,* dont le héros est l'ancêtre de Tartufe, & la *Cléopâtre,* dont l'auteur occupait lui-même le rôle de l'héroïne. Enthousiasmé par le genre nouveau, le roi, après avoir pensionné Jodelle, commanda à Grévin la comédie de la *Trésorière* & la tragédie de *Didon,* qui furent représentées en 1558 au collège de Beauvais, dont l'auteur sortait à peine. Ces œuvres sont les premières qui, dans le genre dramatique, furent écrites en français & composées de toutes pièces par les auteurs. Jusque-là, on n'avait vu représenter que des pièces de l'antiquité, jouées en latin où fidèlement traduites en français.

La comédie s'éleva dans les collèges presque à la hauteur d'une institution, tant les circonstances se réunirent pour la faire prospérer : la jeunesse y prenait un plaisir extrême, pour le public invité aux représentations c'était presque un besoin. Les pédagogues, eux, y voyaient un exercice excellent pour la mémoire, la prononciation & le geste. Quand la surveillance de la police eut rendu périlleux le genre satirique qui attaquait le caractère des grands personnages ou les actes du gouvernement, elle visa à devenir une école pour les mœurs. Cependant ces pièces furent en général l'œuvre de très jeunes gens, dépourvus d'expérience, & cherchant avant tout à faire rire sans savoir au juste sur quel point diriger, pour assurer le triomphe de la morale, le fouet du ridicule. Telle est l'une de ces pièces qui met en scène un garçon pourvu par son père d'un bénéfice ecclésiastique avant d'aller étudier aux écoles. Au lieu de poursuivre la conquête de ses grades, il s'amourache d'une joueuse de harpe qu'il veut à toute force épouser. Les parents de la fille mettent pour condition la résignation du bénéfice, qui sera transféré au futur beau-frère · du prétendant. On s'abouche avec l'un de ces courtiers qui faisaient le trafic des bénéfices au moyen de blancs-seings achetés en cour de Rome. Par malheur l'agent est un fripon : en possession de la résignation, il la vend à un client qui la lui paye un bon prix. Le mariage menace de se rompre : il faut que l'amoureux surenchérisse pour rentrer en possession de son titre, & ainsi tout le monde est content. Il suffit au compositeur d'avoir ridiculisé le vendeur de bulles & l'acheteur, un cuistre qui exulte un instant de s'entendre appeler «monsieur le curé». Les honneurs de la séance sont réservés en fin de compte à celui qui, à l'insu de ses parents & au prix d'un acte de simonie, contracte un sot mariage. Exemple d'une valeur douteuse pour de futurs prêtres.

Combien encore, parmi les maisons les plus célèbres, ne sont arrivées jusqu'à nous que dans un nom ou tellement transformées que rien ne rappelle plus leur passé au spectateur! Rue de la Montagne-Sainte-Geneviève, voici le collège de *Navarre,* qui disparut en 1805 pour faire place à l'École polytechnique. Fondé en 1304 par testament de la reine Jeanne de Navarre, femme de Philippe le Bel, & l'une des légendaires héroïnes de la tour de Nesle, il devint le siège du recteur & comme le chef-lieu de l'Université avant le collège Louis-le-Grand. Dès le commencement du xve siècle, il recevait des externes pour les études de grammaire, de philosophie & de théologie. Agrandi par Louis XI, il eut des écoliers comme le duc d'Anjou (Henri III) & Henri de Navarre (Henri IV), Richelieu & Bossuet; des maîtres comme Nicolas Oresme, précepteur de Charles V, Pierre d'Ailly, Jean Gerson, Nicolas de Clémengis. De telles accointances disent suffisamment quels furent le mérite de l'enseignement & la réputation de la maison. Les enfants des plus grandes familles venaient y chercher la nourriture intellectuelle; c'est que le roi lui-même en était le premier boursier, & comme il ne touchait pas le montant de sa bourse, étant suffisamment pourvu d'autre part, cette somme servait à acheter les verges nécessaires à la consommation du collège.

Voici que nous apercevons encore sur cette pépinière pédagogique le collège *Sainte-Barbe* qui, dès le premier jour, se donna par son indépendance d'esprit une situation à part qu'il a gardée jusqu'à notre temps. C'est un spectacle instructif que celui de G. Lenormant, un ancien maître du collège de Navarre, qui l'ouvrit en 1460 ; il le destinait aux écoliers de tous pays, sans distinction d'origine, mais, contre l'usage, sans lui assigner aucune dotation ; estimant, remarque-t-il, que l'avenir d'un collège trouve sa garantie moins dans ses ressources matérielles que dans la bonne discipline & l'excellence de l'enseignement.

Au XVIᵉ siècle, Sainte-Barbe & son voisin le fameux collège de Montaigu furent les héros d'une guerre locale née pour le motif le plus futile, lutte tragi-comique qui peint les mœurs de cette époque, & montre à quel tracas les éducateurs les plus méritants se trouvaient en butte. Séparés par la seule rue Saint-Symphorien, ils avaient entretenu pendant de longues années les meilleurs rapports fondés sur un échange de bons services : c'est à Sainte-Barbe que Montaigu avait emprunté le modèle de son enseignement, ses règlements d'études, & parfois les deux maisons échangèrent même leurs régents. «A prins le dict collège de Montaigu tout son exercice & fondement dudict collège de Sainte-Barbe», dit un procès-verbal de visite judiciaire en 1559. Puis survint un changement de direction à Montaigu, & la rivalité latente depuis longtemps entre les deux maisons fit tourner les rapports à l'aigre; un prétexte des plus vulgaires acheva de gâter les choses.

La rue qui séparait les deux maisons n'était ni propre, ni bien fréquentée. Une fois la nuit tombée, elle servait surtout de retraite aux «ribleurs & mauvais garsons qui ont accoustumé aller en icelle rue». De mémoire d'homme le balai n'y avait passé, & les ordures les plus variées y formaient une couche épaisse qui exhalait en été une odeur fétide. En 1522, le corps de ville fit paver la rue aux frais communs des deux collèges, mais le remède attendu ne fit qu'aboutir à un mal encore pire. Les urines de Montaigu, s'écoulant sur la voie publique, séjournaient sur le nouveau pavé, & par suite du niveau mal établi de la chaussée elles allèrent former devant la façade de Sainte-Barbe des mares infectes. Des plaintes répétées ne rencontrèrent à Montaigu que des réponses évasives, dissimulant mal une satisfaction secrète.

N'ayant rien à attendre de la bonne volonté de son adversaire pas plus que d'un appui de la police, Sainte-Barbe recourut à la violence. Le sommelier de la maison exposa au principal qu'il était possible de renvoyer la peste à son point de départ, en retournant la pente du pavé en sens inverse, & que le travail pouvait être expédié dans l'espace d'une longue nuit. Tout le monde fut réquisitionné dans la maison, & l'on se mit à l'œuvre après le couvre-feu. Les travailleurs agirent avec assez de silence pour n'être pas entendus, mais pas assez promptement pour avoir terminé au lever du jour.

A la vue des représailles dont on les menaçait, les *capettes* de Montaigu bondirent. Leur supérieur, le trop fameux Noël Béda, homme d'un caractère emporté, décida la résistance. Il avait à son service deux portiers, dont l'un, Ulysse, organisa l'attaque. Des pierres furent

montées dans les chambres pour accueillir les
paveurs qui viendraient la nuit suivante achever
la besogne commencée. De leur côté les Barbistes se préparèrent à tout événement. Avec
des ustensiles de cuisine ils se firent des bou-
cliers contre les projectiles qui pouvaient les
atteindre d'en haut, &, en cas d'attaque corps
à corps, ils étaient appuyés par le portier de la
maison, un colosse : comme il avait perdu un
œil, on l'avait surnommé Polyphème. Quant
aux «jeunes élèves», ils attendaient dans leur
lit le signal convenu en cas de besoin.

Le récit qu'a laissé, sous le titre de *Barba-
romachia,* de cette aventure un Montacutien est
bien sujet à caution : il est probable qu'au premier bruit des pioches, les capettes lancèrent
de toutes les fenêtres une grêle de pierres dont
les paveurs furent accablés. En vain Polyphème,
le portier, provoqua Orion & Ulysse, ses collègues dans l'autre camp : des ricanements inju-
rieux furent la seule réponse à ses défis. Il fallut
battre en retraite. A l'instant tout le monde
fut sur pied à Sainte-Barbe. Des meurtrières &
du comble d'une vieille tour qui terminait la
façade partaient des pierres, des pots cassés,

même quelques flèches. Pas une vitre ne resta
intacte à Montaigu. Des deux parts l'exaspéra-
tion était à son comble. Tandis que les capettes,
impuissants à emporter la tour où s'étaient re-
tranchés leurs adversaires, démolissaient le four
à pain de Sainte-Barbe, les Barbistes, eux, esca-
ladent les clôtures du jardin de Montaigu,
brisent les treilles, arrachent les pieds de vigne,
& ne se retirent qu'après avoir mis tout l'enclos
à ras de terre.

Au jour, lorsqu'on put faire le relevé des
dégâts, & que l'excitation passagère fit place à
la réflexion, les deux principaux en vinrent
à parlementer, & finirent par où ils auraient dû
commencer. On convint de pratiquer un égout
souterrain, qui conduirait les eaux de Montaigu dans un puisard *ad hoc.* Quant à la police,
qui n'avait pas paru au cours de la lutte, elle
n'intervint pas davantage dans la conclusion de
l'accord.

Rappelons encore le collège *Du Pleßis,* fondé
au xive siècle, rue Saint-Jacques, par un homme
d'église, G. Du Plessis, pour les pauvres écoliers de Tours, Rouen, Sens & Reims; restauré
au xviie siècle & uni au collège de Sorbonne, il

fut emporté en 1845 par les nouvelles constructions du lycée Louis-le-Grand.

La vie si misérable, les privations & la dureté
du régime, dans ces pénitenciers scolastiques,
étaient relevées de temps à autre par les espiè-
gleries des écoliers, les bons tours qu'ils jouaient
à des maîtres peu dignes de sympathie; l'histoire aussi bien que le roman abondent en traits
qui éclairent d'un jour pittoresque la vie intérieure des collèges : tels ceux que nous a con-
servés le *Francion,* de Sorel.

«Mon père, voyant que mon naturel me
portoit fort aux lettres, ne m'en vouloit pas
distraire. Ayant affaire à Paris, il m'y amena &
me donna en pension à un maître du collège de
Lisieux, que quelqu'un de ses amis lui avoit en-
seigné. Après qu'il m'eut bien recommandé à
un certain avocat de ses anciennes connaissances,
& l'eut supplié de me fournir tout ce qui me
seroit nécessaire, il s'en retourna en Bretagne
& me laissa entre les mains des pédants.

«Oh quel changement je remarquai, & que je
fus bien loin de compte! Je ne jouissois pas de
toutes les délices que je m'étois promises. Que
j'étois fâché d'avoir perdu la douce liberté que

j'avois. J'étois alors plus enfermé qu'un religieux dans son cloître, & étois obligé de me trouver au service divin, au repas & à la leçon à de certaines heures, au son de la cloche. J'avois un régent à l'aspect terrible, qui se promenoit toujours avec un fouet à la main, dont il se savoit aussi bien escrimer qu'homme de sa sorte.

« La loi qui m'étoit la plus fâcheuse à observer sous son empire étoit qu'il ne falloit jamais parler autrement que latin, & je ne me pouvois désaccoutumer de lâcher quelques mots de ma langue maternelle; de sorte qu'on me donnoit toujours ce que l'on appelle le *signe,* qui me faisoit encourir une punition. Mais il eût été besoin de me couper la langue; car, en étant bien pourvu, je n'avois garde de la laisser moisir. A la fin donc, pour contenter l'envie qu'elle avoit de caqueter, force me fut de lui faire prononcer les beaux mots de latin que j'avois appris, auxquels j'en ajoutai d'autres de françois écorché, pour faire mes discours.

« Mon maître de chambre étoit un jeune homme, glorieux & impertinent au possible; il se faisoit appeler Hortensius, comme s'il se fût descendu de cet ancien orateur qui vivoit à

Rome du temps de Cicéron. Mais encore que notre maître commît une semblable sottise, & qu'il eût beaucoup de vices insupportables, tout ce que nous étions d'écoliers nous n'en recevions point d'affliction, comme de voir sa tres étroite chicheté, qui lui faisoit épargner la plus grande partie de notre pension pour ne nous nourrir que de regardeaux[1]. J'appris alors, à mon grand regret, que toutes les paroles qui expriment les malheurs qui arrivent aux écoliers se commencent par un P; car il y a pédant, peine, peur, punition, prison, pauvreté, petite portion, poux, puces & punaises, avec encore bien d'autres.

«A déjeuner & à goûter nous étions à la miséricorde d'un méchant cuistre qui s'en alloit promener, par le commandement de son maître, à l'heure même qu'elle étoit ordonnée, afin que ce fût autant d'épargné. Quand quelqu'un de nous avoit failli, il lui donnoit une pénitence qui lui étoit profitable; c'étoit qu'il le faisoit jeûner quelques jours au pain & à l'eau, ainsi ne dépensant rien d'ailleurs en

[1] *Manger des regardeaux,* se regarder l'un l'autre au lieu de manger, ou regarder manger les autres.

verges. Nous étions aux noces lorsque le principal, qui étoit un assez brave homme, festoyoit
quelques-uns de ses amis; car nous allions, sur
le dessert, présenter des épigrammes aux con-
viés qui, pour récompense, nous donnoient
tant de fruits, tant de gâteaux & de tartes, &
quelquefois tant de viande, lorsqu'elle n'étoit
pas encore desservie, que nous décousions la
doublure de nos robes pour y fourrer tout
comme dans une besace.

«J'étois aussi bien aise lorsqu'aux bonnes
fêtes de l'année l'avocat à qui mon père m'avoit
recommandé m'envoyoit quérir pour dîner
chez lui; car à cause de moi l'on rehaussoit
l'ordinaire de quelque pâté de godiveau que
j'assaillois avec plus d'opiniâtreté qu'un roi
courageux n'assailleroit une ville rebelle. Mais,
le repas fini, mon allégresse étoit bien forcée
de finir aussi; car l'on m'interrogeoit sur ma
leçon, & l'on me menaçoit de mander à mon
père que je n'étudiois point, si l'on voyoit que
j'hésitasse quelque peu en répondant; & toutefois je vous dirai bien que j'étois des plus sça-
vans de ma classe. Aussi quand l'avocat le
reconnoissoit, il me donnoit toujours quelque

teston qu'il mettoit sur les parties qu'il faisoit
pour mon père.

« Je demeurois avec des Normands, des Pi-
cards, des Gascons & des Parisiens, avec qui je
prenois de nouvelles coutumes; déjà l'on me
mettoit au nombre de ceux que l'on appelle
des *poſtes* (vauriens), & je courois la nuit dans
la cour avec le nerf de bœuf dans les chausses,
pour assaillir ceux qui alloient aux lieux, pour
parler avec reverence. J'avois la toque plate,
le pourpoint sans boutons, attaché avec des
épingles ou des aiguillettes, la robe toute déla-
brée, le collet noir & les souliers blancs, toutes
choses qui conviennent bien à un vrai *poſte*
d'écolier; & qui me parloit de propreté se dé-
claroit mon ennemi. Auparavant, la seule voix
d'un maître courroucé m'avoit fait trembler;
mais alors un coup de canon ne m'eût pas
étonné. Je ne craignois non plus le fouet que
si ma peau eût été de fer, & exerçois mille
malices, comme de jeter sur ceux qui passoient
dans la rue du collège des pétards, des cornets
pleins d'ordure & quelquefois des étrons volants. Une fois je dévallois par la fenêtre un
panier attaché à une corde, afin qu'un pâtissier

qui étoit en bas, à qui j'avois jeté une pièce de cinq sols, mît dedans quelques gâteaux; mais, comme je le remontois, mon maître qui étoit à mon desceu dans une chambre de dessous, le tira à lui en passant, & ne le laissa point aller qu'il ne l'eût vidé. Je descendis en bas pour voir qui m'avoit fait cette supercherie, & trouvant ce pédant sur le seuil de la porte, je reconnus que c'étoit lui, & n'en osai pas seulement desserrer les dents. O! le grand crèvecœur que j'eus! Il me commanda tout à l'heure d'aller prier un autre maître, son voisin, de venir goûter avec lui; je m'y en allai & le ramenai avec moi jusque dans sa chambre, où je ne vis point d'autre préparatif sur la table que mes gâteaux, dont il ne me donna pas une miette à manger, tant il fut vilain. Voyez un peu comme il sçavoit bien pratiquer les ordonnances de la lésine, friponnant sur ses disciples pour festoyer ses amis. Vous en aurez, monsieur le raquedenaze (ladre, avare), ce dis-je en moi-même, dussé-je *avoir la salle*[1]; je vous servirai d'un plat de mon métier.

[1] *Avoir la salle,* recevoir le fouet dans une salle du collège réservée à cette opération.

« L'occasion de me venger s'offrit peu après
à souhait. Le père d'un de mes compagnons
lui avoit fait présent d'un pâté de lièvre, qu'il
avoit dit être bon la première fois qu'il en avoit
tâté à notre table; car il se plaisoit à manger
devant nous ce qu'il avoit d'exquis, afin de
nous faire enrager d'envie. J'ouïs qu'il comm-
manda de le porter en son étude : ce lieu où il
l'enferma n'était entouré que de planches à
demi déboîtées & couvertes d'un côté & d'autre
de vieille natte que je décousis en son absence;
& comme j'étois fort menu alors, un Gascon,
qui étoit un de mes compagnons plus fidèles,
levant un ais de toute sa force, je me glissai
à la fin dedans le cabinet; je regardai sous
les planches, & détournai tous les livres sans
trouver aucune chose. Ayant dit mon malheur
à celui qui m'attendoit de l'autre côté avec
grande impatience, j'avois déjà passé mes deux
pieds entre les ais pour ressortir, lorsqu'en me
baissant j'avisai une grande caisse. Un certain
démon me conseillant, je m'en retournai vers
ce côté-là, & trouvai le pâté enchâssé là-dedans. La croûte étoit dure & de fort peu de
saveur, n'y ayant point de beurre; je la laissai,

& ne pris que la chair, au lieu de laquelle je mis dedans un chausse-pied qui se trouva sous ma main. Ayant posé le couvercle, j'empaquette le lièvre dans du papier, le donne à mon compagnon, & vais après. Je vous jure qu'il ne demeura guère entre nos mains, & que nous n'eûmes que faire de songer où nous le pourrions cacher seulement; car nous le mîmes dedans notre coffre naturel avant que le soir fût venu.

« Hortensius ne songea pas à son pâté jusqu'au lendemain, qu'il commanda à son cuistre d'aller prier à déjeuner un autre vieux pédant, son compagnon de bouteille, & de lui dire qu'il lui feroit manger d'un bon lièvre, à la charge qu'il apportât une quarte de son vin nouveau. Ce pédant ne faillit pas à venir tout à l'heure, & sitôt qu'il fut dans la chambre, le cuistre alla quérir le pâté dedans la caisse, & le posa sur la table où il ne fut pas sitôt que le vieux pédant prit un couteau qu'il fourra dedans par l'endroit même où la croûte étoit entamée, & tournoya tout à l'entour, tenant une main ferme sur la couverture, & disant : « Çà, çà, il faut voir ce que ce pâté-ci a dedans

« le ventre. Ah ! monsieur Hortensius, que vous
« avez ici un bon couteau ! Il coupe tout seul,
« je ne m'efforce point presque. » Hortensius se
mouroit de rire, voyant qu'il étoit si sot qu'il
passoit le couteau par le lieu où il étoit déjà
coupé, & l'autre disoit en ôtant la couverture :
« Qu'avez-vous à rire ? » Alors il mit ses lu-
nettes, & voyant le chausse-pied au lieu d'un
lièvre, il crut qu'Hortensius s'étoit voulu mo-
quer de lui, & que c'étoit de cela qu'il faisoit
alors des risées ; c'est pourquoi, ne supportant
pas volontiers un tel affront, il reprit sa quarte
de vin sous sa robe de chambre & s'en retourna
en grommelant. Hortensius, qui avoit plus
d'émotion que lui, le laissa sortir sans songer à
lui faire des excuses, & ne sçavoit qui soup-
çonner du larcin du lièvre. Il étoit bien à juger
que c'étoit quelqu'un de nous autres écoliers,
& le pédant se l'imagina bien, sçachant qu'il y
en avoit entre nous autres qui avoient l'artifice
d'ouvrir toute sorte de serrures. Toutefois n'en
soupçonnant pas un particulièrement, il se résolut de nous punir tous, afin de ne point
faillir à punir le coupable ; mais quel supplice
pensez-vous qu'il nous fit souffrir ? Celui que

je vous ai dit tantôt, qui lui étoit profitable : il dîna tout exprès auparavant que nous fussions sortis de classe, & se retira après dans son étude. Au sortir de la messe, je vous laisse à juger si nous ne devions pas avoir bien faim, & toutefois l'on nous fit asseoir à une table où il n'y avoit rien que la nappe, blanche comme les torchons des écuelles; pour des serviettes, l'usage en étoit défendu parce que l'on y torche quelquefois ses doigts. Ayant demandé de quoi dîner au cuistre, il nous apporta le pâté tout fermé & nous dit : « Monsieur veut que vous « mangiez votre part de cela. » Un Normand affamé ôta la couverture, & voyant le chausse-pied, se mit tellement en colère contre le cuistre qui se moquoit de nous, qu'il lui jeta toute la croûte aux badigoinces (bouche) & se sauva après en la chambre d'un sien ami. Le Gascon & moi nous nous pâmions de rire, bien que nous eussions le ventre presque aussi creux que les autres, & tous ensemble, ne pouvant avoir chez notre maître de quoi manger, nous fîmes venir quelque chose de la ville que nous achetâmes de notre argent. » (SOREL, *Vraie histoire comique de Francion*, livre troisiesme.)

Le collège de *Montaigu*, dont le moyen âge nous a transmis la réputation presque sinistre, personnifiait le type de tout ce que les siècles passés comportaient de rigueur froidement impitoyable, d'ascétisme inutile, d'étroitesse d'esprit digne de l'Inquisition, mis au service d'études sévères. Au haut d'une ruelle tortueuse & malsaine, la rue des Sept-Voies qui venait déboucher, comme pour prendre l'air & respirer enfin, sur la vaste place du Panthéon, s'élevait un bien vieux monument disparu vers 1845 devant les nouvelles constructions de la Bibliothèque Sainte-Geneviève; cette masure, dont les noires murailles, les petites fenêtres en meurtrières, les portes rares & étroites faisaient un si étrange disparate avec les formes correctes du Panthéon, son voisin, c'était lui, le collège de Montaigu, désigné par les écoliers de l'ancienne Université sous le sobriquet de «collège des haricots».

Le but de Gille Aiscelin[1], archevêque de Rouen, qui l'établit bien infime & humble

____

[1] G. Aiscelin fut le redoutable juge des Templiers; souvenir qui suffit à caractériser l'esprit de sa fondation.

en 1314, de l'évêque de Laon, Pierre de Montaigu, qui l'agrandit en 1388, n'avait pas été
de faire de ce collège, le plus misérable peut-
être de tout Paris, une maison de mollesse
& de bien-être, mais de rigoureuse doctrine,
de discipline inflexible, quelque chose comme
un séminaire de docteurs ascétiques, armés,
par l'étude constante & le jeûne perpétuel,
pour les doubles luttes du corps & de l'esprit.
Ce qui avait importé à ces faméliques légis-
lateurs, c'était d'avoir un collège bien muni
de privilèges, surtout ne relevant pas du pape,
& des écoliers maigres de corps, c'est vrai, pâles
de visage, fort malpropres même, mais toujours forts d'arguments, solides sur leurs thèses
& frais émoulus pour toutes les discussions.

Les rentes constituées pour l'entretien de la
maison périclitèrent, par l'effet du désordre
& d'une mauvaise administration, à tel point
que, vers la fin du xvᵉ siècle, le produit total
des revenus se montait à onze sous. C'est à ce
moment que le collège passa sous le régime
de Jean Standonck. Un caractère ardent, avec
une force de volonté & une opiniâtreté peu
communes, c'est plus qu'il en faut pour faire

de ce personnage une des figures les plus originales dans l'histoire de la pédagogie. Venu tout jeune de Malines à Paris, sans autres ressources qu'une lettre de recommandation pour l'abbaye de Sainte-Geneviève, il y fut admis à titre de charité, payant l'hospitalité des moines par le service domestique qu'il leur rendait : il trouva dans cet arrangement le moyen de puiser aux écoles parisiennes l'instruction qui l'y avait attiré[1]. Devenu principal de notre collège, il y rétablit l'ordre au point de réussir à fonder douze bourses nouvelles. Et comment s'y prit-il pour réaliser ces belles économies? Oh! tout simplement en ne donnant presque rien à ses écoliers, que le strict nécessaire pour ne pas mourir de faim.

[1] Une pareille combinaison, dont on retrouve jusqu'à une époque récente des traces dans quelques universités de l'étranger, n'était pas rare alors dans les collèges parisiens. Un pauvre écolier, admis à titre de valet, recueillait au vol, dans les loisirs que lui laissait son service, & plutôt mal que bien, quelques bribes d'une instruction confuse & mal comprise, bagage informe qui contribuait peu à développer son intelligence. Le pauvre diable, aussi inculte d'esprit que de manières, était flétri par son entourage du sobriquet de *cuistre,* qui est resté dans la langue moderne.

Discipline de fer, tâches ardues, maigre pitance coupée de jeûnes fréquents, voilà le régime de ces malheureux que le peuple voyait journellement, fidèles à leurs statuts, prendre part aux distributions de pain que les Chartreux du voisinage faisaient aux indigents. L'un d'eux l'avait formulé dans une devise devenue populaire à cette époque :

Mons acutus, ingenium acutum, dentes acuti.
(*Mont aigu, un esprit aiguisé, des dents aiguisées.*)

On ne croirait point, si l'on n'avait encore les statuts de ce Standonck, donnés en 1501 & strictement observés presque trois siècles durant, jusqu'où allaient l'abstinence & la sévérité dans cette maison qui était moins un collège qu'une maison de correction, «où la verge, dit Dubreuil dans ses *Antiquitez de Paris,* n'a jamais esté espargnée aux faineans, lasches à l'estude & prompts à toute desbauche. Tellement que, quant il y avoit quelque père ou mère à Paris, molestez & attediez de leurs enfans mal vivans & incorrigibles, on leur conseilloit de les enfermer à Montaigu, afin de les ployer, adoucir dessous la verge d'humilité &

les réduire à la voie de vertu, de laquelle ils estoient esloignez par mauvaise compagnie & trop grande liberté. »

Que disent donc les articles les plus sévères de ce règlement?

« Le troisième statut est de refréner sa langue & garder silence depuis la fin de complies jusques au son de la messe du lendemain, ce qui est conforme à la règle Sainct Benoist.

« Le quatriesme est de la forme & couleur des habits, distinguez en ce que ceux des théologiens, prestres & estudians en philosophie doivent estre noirs, & ceux inferieurs de drap gris brun ou tanné. Il leur est enjoinct d'avoir des manteaux sans plis & des chaperons en teste à la façon d'un camail, sinon qu'ils sont cousus devant & derriere, & n'y a ouverture sinon pour passer la teste; ainsi que les portent les frères convers de Sainct Germain des Prez… »

C'est cette cape étriquée, leur seul habit en hiver comme en été, qui avait fait donner à ceux qui la portaient le surnom de *capettes de Montaigu*.

« Le cinquiesme est de l'abstinence si grande

qu'il n'y a maison de religion où elle soit telle : car il leur est défendu de boire vin & de manger chair, excepté les théologiens & prestres d'avoir une pinte de vin à trois, composée de trois demi sextiers de vin & d'un demi sextier d'eau en consideration de leur age viril & de leur labeur aux estudes. Pour la pitance, ils auront tous a l'entrée de table chascun la trentiesme partie d'une livre de beurre, des pommes cuites, des pruneaux ou quelque chose d'équivalent. Plus, le potage de legumes (qui sont poix, febves & autres semblables grains issus de terre) ou de bonnes herbes. Pour la portion des jeunes capettes, auront chascun la moitié d'un harenc ou un œuf. Les théologiens & prestres auront deux fois autant, c'est scavoir deux œufs chascun ou un harenc; pour le dessert, un morceau de fromage ou quelques fruits, si la saison & les moyens y sont. »

Vient ensuite le statut qui traite des malades, conséquence naturelle, on le conçoit aisément, du précédent : à un tel régime, le corps devait pâtir. C'est ensuite le statut «des jeûnes que doivent observer les pauvres capettes». On aura peine à s'imaginer qu'il fût encore possible de

surenchérir sur la diète déjà infligée à ces pauvres diables durant toute l'année.

Comme si tant de maux n'eussent pas suffi,
ils étaient encore aggravés par la sordide malpropreté de la maison, & la vermine qui
l'infestait. Ce fut l'un des pires tourments
d'Erasme, ce Voltaire bénin de la Renaissance,
lorsque, attiré par la renommée des excellentes
études qu'on faisait à Montaigu, il s'enrôla,
lui l'écolier de vingt-cinq ans, dans cette maison rébarbative «dont les murailles même
étaient théologiennes». Soigné sur sa personne,
habitué à une vie confortable, c'est de tous les
fléaux de cette maison celui auquel il garda la
plus longue rancune : il l'exprima en termes
caustiques dans le spirituel colloque : *De la
chair & du poißon.*

«*Unde podis?* (d'où viens-tu ?), demande-t-il
à son interlocuteur.

«*E collegio Montis Acuti* (du collège de Montaigu).

«*Ergo ades nobis onußus litteris* (alors tu nous
reviens chargé de littérature).

«*Imo pediculis* (dis surtout de poux)».

Rabelais, le grand ironiste, se fait l'écho des

mêmes invectives. Pourtant, depuis 1513, il y
avait quelque chose de changé à Montaigu :
cette année-là, Noël Béda, docteur en théologie de la Sorbonne & successeur de Standonck, avait obtenu de Léon X *modération*
des statuts. Y avait-il progrès bien notable? Du
moins ne semblait-il pas que la malpropreté
eût été visée dans l'arrêt de réforme : cette
même année, le premier livre du *Gargantua*
exhale la même amertume. «La vérité feut que
Gargantua se rafraichissant d'habillement &
se testonnant de son pigne... faisoit tomber a
chascun coup plus de sept balles de boullets qui
luy estoyent demourez entre ses cheveulx. Ce
que voyant Grandgousier, son pere, pensoyt
que feussent poux, & lui dist : Dea mon bon
filz, nous as-tu apporté jusques icy des espar-
viers de Montagu? Je n'entendoys que là tu
feisses residence. — Adoncques Ponocrates respondit : Seigneur, ne pensez que je l'aye mis
au colliege de pouillerie qu'on nomme Montagu : mieulx l'eusse voulu mettre entre les
guenaulx[1] de Sainct Innocent pour l'enorme

[1] Gueux, mendiants.

cruaulté & villenie que j'y ay congnu; car trop mieulx sont traiétez les forcez entre Maures & Tartares, les meurtriers en la prison criminelle, voire certes les chiens en vostre maison, que ne sont ces malautruz audiét colliege. Et si j'estoys roy de Paris, le diable m'emporte si je ne mettroys le feu dedans & feroys brusler & principal & regens qui endurent ceste inhumanité devant leurs yeux estre exercée. »

Le feu ne passa point cependant par cette geôle malsaine qui resta toujours ce qu'elle avait été du temps d'Erasme & de Rabelais. Le Parlement, qui s'occupa de la question vers 1745, eut grand, peine à faire dispenser les écoliers du jeûne, & à obtenir pour eux le gras à dîner, le maigre à souper : ses efforts échouèrent sur la question de la propreté domestique.

Mais la curiosité nous incite à poursuivre de plus près nos investigations, à chercher dans la marche quotidienne de ces établissements l'explication de leur insuccès. Voici le collège d'*Arras,* créé en 1327 pour les écoliers de ce diocèse dans le faubourg Saint-Viétor; très libéralement pourvu dès l'abord, il tombe

entre les mains de *proviseurs,* dont l'administration négligente ouvre la porte à tous les abus;
les conflits d'attributions, les querelles intérieures font le reste. Les réformes, les nouveaux
statuts ont beau se succéder : rien ne prévaut
contre un désordre invétéré. Au xvie siècle,
époque des guerres civiles qui ne fut pas favorable aux maisons de cet ordre, c'est à peine
si on constate de loin en loin une nomination
de principal ou de boursier, & pour cause :
l'abbé de Saint-Waast d'Arras, exécuteur du
testament de fondation, avait pris la douce
habitude de s'attribuer les revenus du collège,
dont il avait fait, pour lui & ses religieux, un
pied-à-terre lorsqu'ils se rendaient à Paris. Au
xviie siècle, c'étaient des prêtres anglais qui
y logeaient gratuitement. Au commencement
du xviiie siècle, il n'y avait plus un seul boursier, & lorsqu'en 1763 les commissaires du Parlement, poursuivant leur enquête générale sur
les collèges, se présentèrent, ils se trouvèrent
en présence de l'abbé de Saint-Waast. La maison est à nous, prétendit celui-ci; mais les
textes étaient formels, qui firent bonne justice
de cette usurpation : une transaction intervint,

& le collège d'Arras fut réuni, avec vingt-cinq ou vingt-six autres, également à bout de ressources, au collège Louis-le-Grand. Il en était temps : la maison était presque vide.

Au collège d'*Autun,* ouvert en 1337 par le cardinal Pierre Bertrand, les choses ne vont pas mieux. Le noble fondateur avait pourvu à tout, prévoyant, dans deux règlements successifs, les moindres détails de la gestion financière & de la discipline intérieure avec une sollicitude qui met en relief son esprit organisateur. Malgré plusieurs dons subséquents, dès la fin du siècle le collège crie famine. Les libéralités continuent, en même temps que la pénurie. C'était à croire que la cassette de cette maison avait un fond percé. L'explication ne s'en trouve pas loin : des querelles scandaleuses, des accusations déshonorantes mettaient aux prises le personnel de la maison. L'extrait suivant d'un procès intenté en 1398 nous édifiera sur les faits en cause, &, malgré son étendue, il mérite d'être reproduit avec quelques coupures, en raison du jour curieux qu'il jette sur la vie intime d'un collège parisien à cette époque. Le procès est engagé entre Mᵉ Jehan Guibert, principal du collège d'Autun, & les écoliers boursiers de son collège, d'une part, & Me Mathieu Monderes, l'ancien proviseur & chapelain de la maison, d'autre part :

« Le dit maistre Jehan Guibert est homme de bien & d'honneur, bon clerc, homme de bonne vie & honneste conversation.

« Item, que pieça pour le sens, biens, loyaulté & preudomie de sa personne il fu esleu maistre du dit collège à son desceu & en son absence, combien qu'il ne l'eust pas requis, car il estoit bien aisé & souffisanment pourveu & encores est, la mercy Dieu.

« Item quand le dit maistre Jehan vint ou dit collège, il n'y trouva que un bien povr (*sic*) d'argent, & si trouva le collège tout désolé & mal réparé; mais depuis par sa prudence & saige gouvernement il a tout mis en bon estat & tellement que, la mercy Dieu, le dit collège est bien aisié, & sont les escolliers bien paiés chascune sepmaine de leurs bourses.

« Item, tous les escolliers du dit collège sont gens de bien & d'honneur, bons estudiens de bonne vie & honneste conversation, pour tieulz tenus & réputés communément.

« Item, dient oultre les diz opposans que pieça le dit messire Mathieu, pour ce que l'en tenoit qui fust homme de bonne vie, loyaulx & preudons, fu esleu au pourchas d'aucuns ses amis en chappellain & proviseur du dit collège, combien qu'il n'en feust pas digne, si comme dit sera cy apres; mais on ne le cognoissoit pas bien.

« Item, le dit complaignant a tenu & exercé le dit office par l'espace de VIII ans ou environ telement quelement; car en vérité il se y est tres mal porté, enfraignant les statuz & ordonnances du dit collège en plusieurs & diverses manieres.

« Item, il est vray que, au commencement que le dit messire Mathieu vint ou dit collège, il estoit tres povres homs & de petit estat, mais depuis par son oultraige s'est porté orgueilleusement, fierement & grandement en robes, vestemens & autres choses, combien qu'il n'appartenist pas & que ses rentes ne soient guères grandes.

«Item, durant le temps que le dit complaignant a demouré ou dit hostel, il a esté orgueilleux, despiteux, noisieux, fin, malicieux

& plein de cautelles & de barat, soubtil, &
tousjours a attendu a decevoir ses compaignons.

« Item, le dit messire Mathieu, lui estant ou
dit collège, a tenu & mené une mauvaise vie
deshonneste & dissolue contre toutes bonnes
mœurs, a esté ribaut, putier, deceveur de
femmes mariées & autres, dont le dit collège
a esté moult diffamé & mal renommé par sa
tres grant coulpe & ribauderie.

« Item, en especial le dit messire Mathieu,
lui demourant ou dit collège, a maintenu par
long temps une famme appellée Marion la
Charretonne demourant en la parroisse de
saint Andry des Ars, & l'a alimentée & soustenue de biens du dit collège en grant esclandre
& prejudice d'icellui; car de ses biens propres
ne l'eust-il peu faire.

« Item, tant a conversé & repairié en péchié
avec la diƈte Charretonne, en menant deshonneste vie, car il en a procréé une fille laquelle
il fist baptiser, & depuis l'a faiƈte nourir à ses
despens.

« Item, avecques ce a maintenu durant le dit
temps une autre famme appellée Gilon, famme
de Pierre le Bastart, demourant darrieres le dit

collège, & a couchié plusieurs fois avecques elle en l'ostel de son dit mary; & de ce est voix & commune renommée.

« Item, qui pis est, quant les escolliers estoient à table pour diner ou soupper, ou estoient alez à l'escolle du matin, le dit complaignant, qui est moult caut & malicieulx, faisoit venir la dicte Gillon ou dit college en sa chambre, feignant qu'elle venoit querir de l'iaue au puis, et la demouroient tous seulz & fermoient l'uys sur eulx, & par plusieurs fois y ont esté trouvés en menant deshonneste vie.

« Item, non contens, le dit complaignant l'a faite couchier de nuit avec lui en certaine chambre qu'il tenoit lors ou dit college, & par plusieurs fois illeuc l'a cogneue charnelement en commettant adultere en tres grant esclandre & diffamation du dit collège; car la chose estoit si notoire & divulguée que les voisins d'un costé & d'autre ne parloient d'autre chose.

. « Item pour ce que ces nouvelles vindrent à la cognoissance du dit Pierre le Bastart qui bien s'en doubtoit & non sans cause, il s'en courrouça & mena dure vie à sa dicte famme; mais icellui complaignant pour ceste cause prist debat audit Pierre, & telement a une foiz le bâti d'un grant coustel par devant la porte du dit collège & de beau jour publiquement devant tout le monde, que le dit Pierre en fust emporté comme mort; & y esperoit on plus la mort que vie, & ce fu chose toute notoire.

« Item, quant on demandoit qui avoit batu le dit Pierre, plusieurs disoient que ce avoient fait les escolliers d'Otun, qui lui maintenoient sa famme, dont ce fust grant esclandre & vittupere pour le dit college, pour le fait & coulpe dampnable de partie adverse. Et mesmement plusieurs gens de court qui estoient logiés illecques environ se cuidèrent esmouvoir sur les diz escolliers qui pas n'y pensoient, mais comme simples gens & bons escolliers estudioient ou faisoient leurs besongnes.

« Item, en perseverant de mal en pis, le dit complaignant sollicita & admonesta telement la dite Gillon qu'il la fit partir de son dit mari, & s'en ala demourer oultre les pons de Paris, où il la maintenoit & gouvernoit des biens du dit collège, & en tel estat l'a tenue l'espace d'un an & plus, en grant esclandre des jeunes escolliers du collège, & combien que le dit maistre par plusieurs fois l'ait admonesté pour & ou nom du dit collège de soy desister de telles œuvres & faire son devoir, n'en a il riens voulu faire.

« Item c'est efforciez de compter deux foiz une chose, comme les reparations du jardin & le luminaire de la chappelle; & quant on lui monstroit que autreffois l'avoit compté, il faisoit l'ignorant & feignoit qu'il l'avoit oublié; & Dieu scet comme il en estoit. Pour mieux cabacier de ce qui coustoit x solz, il en comptoit xii ou xv; & en plusieurs cas a l'en apperceu sa pratique.

«Item, encores est-il vray que le dit complaignant doit plusieurs grans sommes de deniers au dit collège qui montent à plus de v^e livres, tant en argent reçeu que en debtes, lettres & obligations, pour ce que on ne peut avoir compte ne raison de lui.

«Item, dient oultre les dis opposans & demandeurs que il est vray que le dit complaignant a fait dire & proposer par son conseil

tout advoué que le dit maistre Jehan Guibert
ne peut estre maistre du dit collège, & pour le
plus injurier par devant vous, a fait dire &
proposer que le dit maistre Jehan est homme
de mauvaise vie & deshonneste conversation,
& qu'il avoit maintenu & gouverné ladiſte
Marion la Charretonne & en avoit eu des enfans, & que icelui maistre Jehan lui avoit donné
acointance & cognoissance à la diſte Marion
comme se il voulsist intimer que le diſt maistre
Jehan eust esté son macqueriau.

« Item, a aussi fait proposer contre lui en
plain jugement que il maintenoit la diſte Gilon
& la baisoit & gouvernoit à sa guise &
que elle avoit la clef de sa chambre & savoit
bien le chemin en lui mettant sus la rage,
& blamait ledit preudomme qui est homme
aagié de LX ans & plus, vaillans homs &
de honneste conversation & à qui ne chaut de
tieulx besongnes & qui est assez refroidy
doresnavant.

« Item, aussy le dit complaignant en injuriant
& par maniere de contrevengence, de blasme
& villennie, a fait proposer contre le dit maistre
Michiel de Vaux que il n'estoit point escollier

du dit collège; & avec se que il estoit homme de mauvaise vie & que il tenoit une chambre en la ville, & y gouvernoit fillettes & tenoit le bourdel, & y faisoit porter le pain & le vin de l'ostel.

« Item, aussy a fait proposer judicielment contre maistre Jehan Berart qu'il est homme de vie dissolue, ribaut, & a coustume de mener jouer les fillettes en bateaux par la riviere de Saine, & aussi qu'il avoit emblé ou dit collège vin, pain, char & autres choses pour donner aux putains qu'il gouvernoit & maintenoit hors du collège.

« Item, il se peust bien estre teuz d'avoir dit que le dit maistre Jehan menoit les fillettes jouer par Saine; car il n'en est riens, mais c'estoit l'office de partie adverse, qui en avoit deux à gouverner, & les menoit à Montmartre, à Vaugirart, à Gentily, à Ycy & ailleurs.

« Item, le dit complaignant a failly & mespris en plusieurs autres manieres, car il a injurié & vilenné les escolliers du dit collège en les appellant plusieurs fois « merdailles », nonobstant que la plus grant partie d'iceulx sont trop plus souffisans, meilleurs clers, plus honnestes &

preudommes & de meilleur lignaige qu'il n'est [1]. »

Au siècle suivant, pendant vingt-cinq ans, de 1415 à 1439, on ne trouve pas le moindre compte, nulle trace de gestion régulière. Deux fois, dans le cours de ce siècle, nous voyons le malheureux institut poursuivre devant le Parlement ses proviseurs auxquels il réclame des comptes, qu'il accuse nettement de malversations, si bien qu'au XVIe siècle la plupart des rentes étaient perdues. Au XVIIe siècle il fallut supprimer plusieurs bourses. La disette avait un fatal contre-coup sur le moral des écoliers : découragés, ceux-ci n'étudiaient plus. En 1547, une *visitation* du chancelier de la cathédrale fit ressortir la discorde qui régnait dans la maison & les infractions diverses au règlement, bien plus, l'ignorance absolue du principal lui-même. Mis au pied du mur par un interrogatoire serré, ce soi-disant gradué ès arts & en théologie ne put dire ni combien il y avait de livres de Moïse, ni quels étaient les écrits d'Aristote ; à peine put-il répondre sur les questions

[1] Archives nationales, cart. M, n° 80, *paßim*.

les plus élémentaires, « ad pueriles questiunculas ». Cette insuffisance des maîtres de collège était, au reste, de notoriété publique. La même année, le Parlement, nommant une commission pour la réforme de l'Université, décida d'y appeler six des plus capables régents de collège, «s'il est possible en tant trouver ».

Du XVIIe au XVIIIe siècle, l'anarchie ne fait qu'augmenter au collège d'Autun. En 1733, « vu l'état de détresse » où se trouvait l'institut, le service des bourses fut suspendu. C'était la fin. En 1764, au moment de la fusion avec le collège Louis-le-Grand, le proviseur restait seul avec deux boursiers & se trouvait en présence d'une dette de plus de 80,000 livres.

Depuis le milieu du XVe siècle, l'Université subissait un mouvement rétrograde. Battue en brèche dans son rôle politique, dans la jouissance de ses privilèges, elle perd une partie de ses écoliers par l'ouverture des collèges de plein exercice, qui inaugurent un enseignement régulier dans leurs propres locaux. Au XVIe siècle, un nouveau rival surgit & le plus redoutable de tous depuis l'admission forcée des ordres mendiants au XIIIe siècle : l'ordre des *Jésuites* qui, dès l'abord, obtiennent un grand succès auprès du public par leur enseignement doublé, pour la première fois, d'*éducation,* par le choix & le perfectionnement des méthodes appropriées aux circonstances & aux milieux, par leur sollicitude pour les besoins & les aptitudes variées des individus. En 1564, ils fondent le *collège de Clermont de la compagnie de Jésus,* en l'honneur du cardinal Duprat, évêque de Clermont, leur protecteur, & y font merveille par leurs représentations théâtrales. En 1674, ils invitèrent Louis XIV à assister à une représentation donnée par leurs élèves; à la sortie, les courtisans ne cachèrent pas leur satisfaction. « Faut-il s'en étonner? interjeta le roi; c'est mon collège! » Le recteur ne perdit pas ces paroles : dès la nuit suivante, il fit retirer l'inscription ancienne & en fit tailler sur place une nouvelle par des ouvriers. Le lendemain matin, on lisait au fronton de la maison ces mots : *Collegium Ludovici Magni.*

Dans la dernière période de son existence, l'Université parisienne, nous l'avons vu, n'a presque plus d'autre souci que celui d'une mesquine & rageuse tracasserie contre toute apparence de progrès[1]. Tout & tous lui portent ombrage. Incurablement percluse dans son étroitesse, son fanatisme, son attachement servile à la routine, elle vociférait du sein de son impuissance contre tout novateur ses accusations d'hérésie & brandissait encore, au xviie siècle, comme un hochet enfantin, ses privilèges du xiiie siècle. Comme elle avait condamné Jeanne d'Arc au xve siècle, elle combattit la Réforme au xvie. Nous avons vu que Ramus, l'illustre penseur, fut persécuté durant vingt-neuf ans & finit par y laisser sa vie. Elle

[1] Encore au xvie siècle, tout son enseignement, dans ses méthodes comme dans le fond, était au-dessous de toute critique. Le latin des écoles n'était qu'un jargon barbare ne ressemblant en rien à la langue de Virgile & de Tite-Live. L'esprit y était rétrograde, esclave des usages traditionnels, hostile à l'étude des langues qui passaient pour favoriser l'émancipation intellectuelle & l'hétérodoxie. Un grave & savant docteur catholique du temps rapporte avoir entendu un moine tenir en chaire le langage suivant : « On a récemment découvert une langue qu'on appelle *grecque* & dont il faut bien se garder! C'est elle qui engendre toutes les hérésies. Il court de main en main certain livre écrit dans cette langue, qui s'appelle *Le Nouveau Testament*. C'est un livre plein de ronces & de vipères. Il vient d'en surgir encore une autre, que l'on appelle *hébraïque;* tous ceux qui l'apprennent deviennent juifs. »

combattit les Jésuites, dont les méthodes présentaient bien, il faut le reconnaître, certaines améliorations, & avaient par-dessus tout cet avantage de la secouer dans son inertie. Elle combattit âprement le Collège de France, à l'œuvre duquel elle était incapable de se substituer, & porta plainte, inutilement d'ailleurs, par l'organe de Noël Béda, syndic de la faculté de théologie, contre les nouveaux maîtres « non ayant estudié en faculté ». Il semblait que, du dépit de ses insuccès, à chaque assaut nouveau elle se fermât davantage à la lumière, se repliant sur elle-même. Elle combattit même l'enseignement populaire, cherchant à l'étouffer sous des taxes oppressives. Pendant ce temps, les universités s'élevaient à l'envi en Allemagne, qui dépeuplaient d'autant l'école de Paris. Dès 1528, la nation d'Allemagne s'était fort réduite ; en 1675, celle de Picardie ne comptait plus d'étrangers. Atteinte successivement dans tous ses privilèges, dont elle ne s'était pas montrée digne, l'Université était dans une décadence sur laquelle elle ne pouvait elle-même plus guère se faire illusion. Éclipsée durant tout le XVIIᵉ siècle par les Jésuites, elle ne réussit pas, en dépit de quelques améliorations de détail, à se galvaniser au XVIIIe.

Le seul succès — si c'en est un — qu'elle puisse accuser durant cette dernière période fut la création du Concours général dont l'origine remonte à 1747. En 1733, était mort un chanoine du diocèse de Chartres, L. Legendre; il laissait un testament aux termes duquel, ayant « toujours eu du zèle pour la gloire de la nation », il fondait des prix d'éloquence & de poésie latines & françaises à décerner tous les quatre ans, « à l'instar de ceux qui se donnaient en Grèce aux jeux Olympiques ». En homme prévoyant, notre chanoine n'avait même pas oublié le salaire des musiciens dont l'assistance était requise pour rehausser l'éclat de la cérémonie. En retour de sa munificence, il ne demandait qu'une faveur : c'est que son portrait assistât en spectateur muet à la solennité. Humble vœu dont aucun compte n'a jamais été tenu. Bien plus, des collatéraux attaquèrent le testament, & le procès dura dix ans, au bout desquels le Parlement attribua le legs à l'Université de Paris. La distribution des prix du Concours général eut lieu, pour la première fois, le 23 août 1747, &, détail piquant, le premier prix de discours latin échut à un écolier étranger, l'Irlandais J. Wilkinson, du collège des Grassins.

Le vieux corps végéta jusqu'à la Révolution française, qui en emporta les débris.

TABLE DES MATIÈRES.